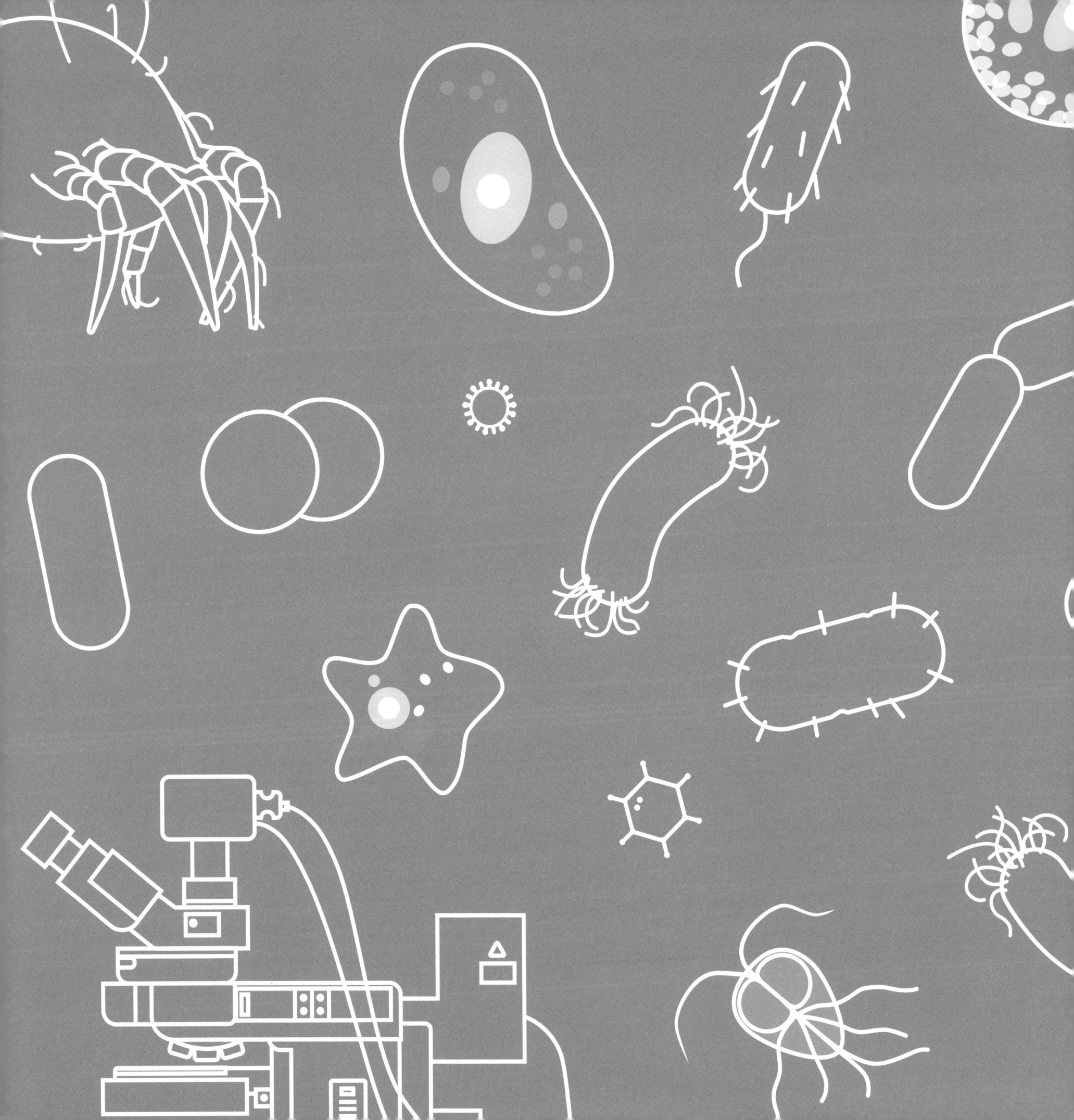

처음 읽는 미생물의 세계

MICROBIOS
text by Sheddad Kaid-Salah Ferrón and illustrations by Eduard Altarriba

Text © Sheddad Kaid-Salah Ferrón, 2020.
Illustrations © Eduard Altarriba, 2020.
Original Title: MICROBIOS
All rights reserved.
Korean Translation Copyright © Dourei Publication Co., 2022.
Korean translation rights arranged with Sheddad Kaid-Salah Ferrón and Eduard Altarriba c/o Asterisc Agents. Fishing Talent SL, through Orange Agency.

이 책의 한국어판 저작권은 Orange Agency를 통해 Sheddad Kaid-Salah Ferrón and Eduard Altarriba c/o Asterisc Agents. Fishing Talent SL과 독점계약을 맺은 두레출판사가 갖고 있습니다. 저작권법에 의해 한국 내에서 보호를 받는 저작물이므로 무단으로 전재하거나 복제할 수 없습니다.

처음 읽는
미생물의 세계

세다드 카이드-살라 페론 글 • 에두아르드 알타리바 그림 • 이충호 옮김 • 이장훈 감수

두레아이들

차례

들어가는 말	5
그런데 미생물은 얼마나 클까?	6
현미경	8
세포	10
미생물의 종류	12
세균	14
세균의 종류	16
세균의 번식	18
우리는 혼자가 아니에요!	20
고세균	22
균류	24
원생동물	26
조류	28
바이러스	30
바이러스의 종류	32
박테리오파지	34
미생물공학	36
'작은' 다세포 생물	38
감염	40
손을 잘 씻자	42
항생제	44
세균의 내성	46
전염	48
우리 몸의 방어 체계	50
면역: 기억 세포	52
백신	54
유행병	56
우리 모두를 보호하는 백신	58
역사에 기록된 대유행병과 팬데믹	60
지금까지 지구에서 살았던 사람은 몇 명이나 될까?	62
코로나19	64
감사하는 말	66

들어가는 말

미생물을 가리키는 영어 단어 '마이크로브(microbe)'는 그리스어로 '작은'이라는 뜻의 미크로스(micrós)와 '생명'이라는 뜻의 비오스(bíos)가 합쳐져서 만들어진 단어예요.

미생물은 지구에 존재하는 생물 중 가장 작은 것들을 가리켜요. 크기가 너무나도 작아서 맨눈으로는 도저히 볼 수 없고, 현미경으로 봐야만 볼 수 있어요.

미생물은 지구에서 최초로 나타난 생물이기도 해요. 가장 오래된 미생물 화석은 약 37억 년 전에 살았던 것인데, 지금까지 발견된 것 중 가장 오래된 생명체예요.

미생물은 어디에나 있어요. 우리 몸과 식물, 음식뿐만 아니라, 심지어 100°C를 넘는 해저 열수분출공(◎23쪽 참고)이나 영하 10°C를 밑도는 남극 대륙의 얼음 밑, 빛이나 산소가 전혀 없는 수 킬로미터 아래의 땅속처럼 도저히 생물이 살 수 없을 것처럼 보이는 곳에서도 살아요.

미생물은 지구의 모든 생물에게 매우 중요해요. 미생물이 없다면, 우리는 먹지도 못하고 숨을 쉬지도 못할 거예요. 식물도 섭취할 영양물질을 얻지 못할 테고, 우리가 호흡하는 대기 중의 산소도 없을 거예요. 미생물은 또 치즈와 빵, 요구르트, 의약품을 만드는 데에도 쓰여요.

그러나 좋은 미생물만 있는 것은 아니에요. 어떤 미생물은 동물과 식물에 질병을 일으켜요. 아주 먼 미래에 태양이 너무 뜨거워져서 지구가 더 이상 생명체가 살 수 없는 곳으로 변하더라도, 미생물은 끝까지 버티다가 맨 마지막에 사라질 거예요.

자, 그럼 흥미진진한 미생물의 세계로 들어가 볼까요!

그런데 미생물은 얼마나 클까?

앞에서 말했듯이, 미생물은 맨눈으로 볼 수 없을 만큼 아주 작은 생물이에요. 미생물은 종류에 따라 모양과 크기가 매우 다양해요.

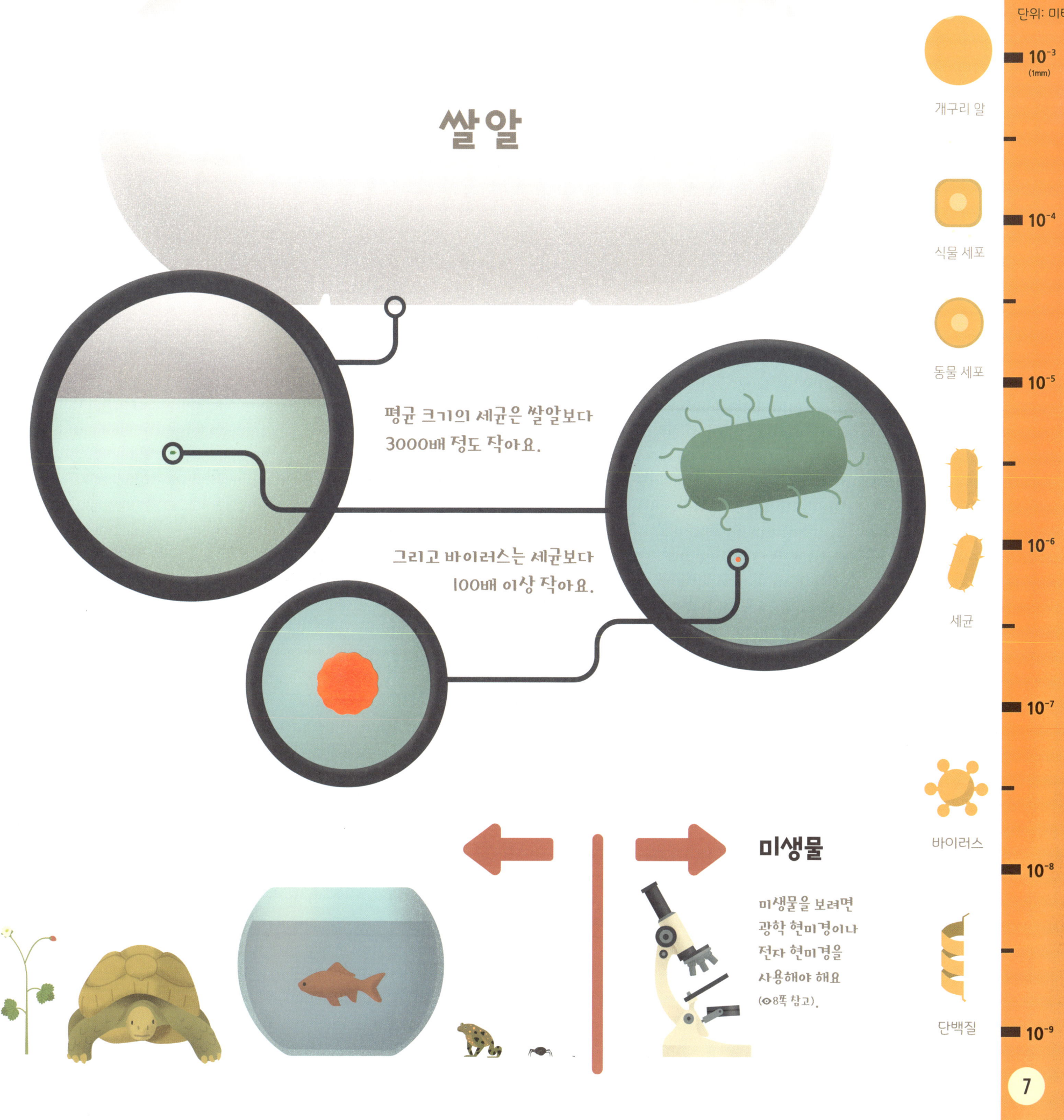

현미경

현미경은 너무 작아서 맨눈으로 볼 수 없는 물체를 볼 때 사용하는 기구예요. 현미경은 여러 종류가 있으나 하는 일은 모두 똑같아요. 작은 물체를 크게 확대해 보여 주지요. 가장 많이 사용하는 광학 망원경은 렌즈로 빛을 구부러뜨려 우리가 보려는 물체의 모습을 확대해요.

현미경은 16세기에 처음 사용되기 시작했어요. 현미경 덕분에 영국 과학자 로버트 훅(1635~1703)은 1655년에 처음으로 세포를 보고 그 모양을 그림으로 그렸어요.

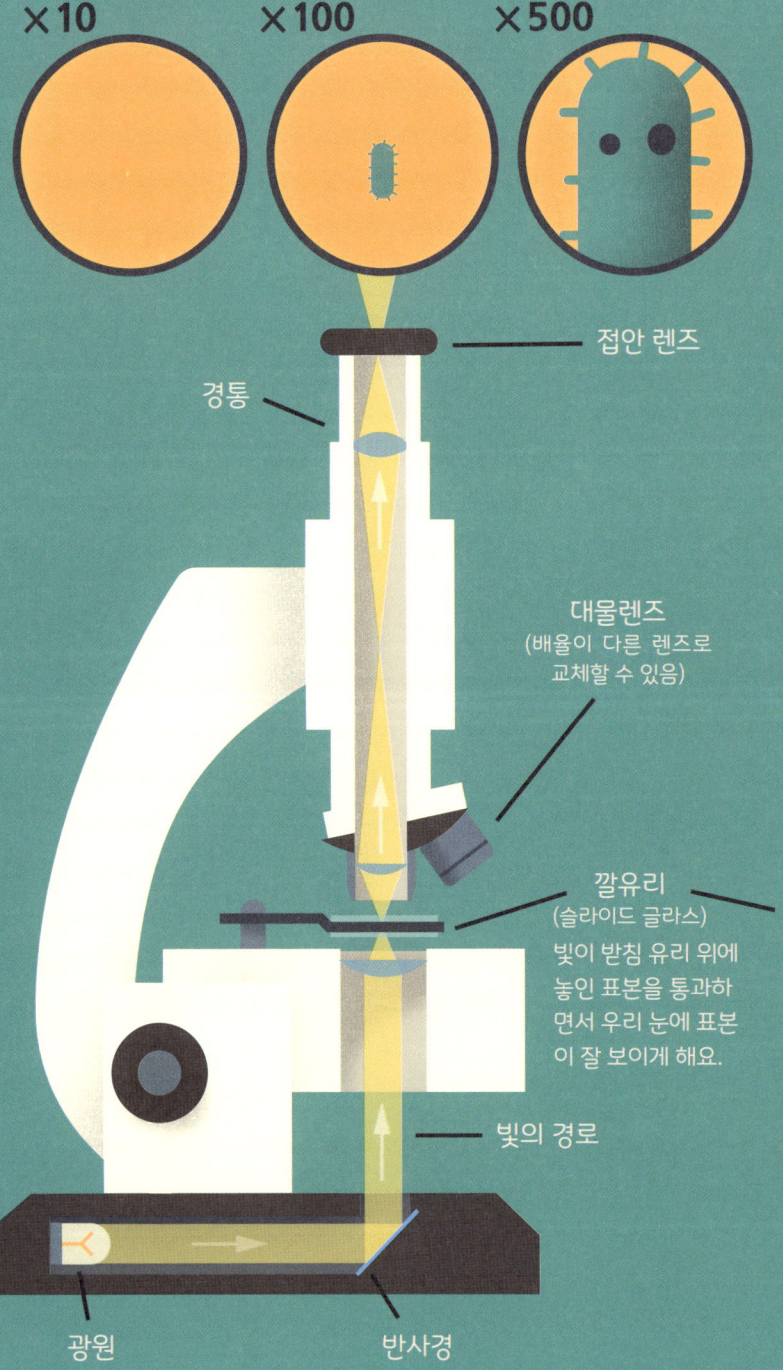

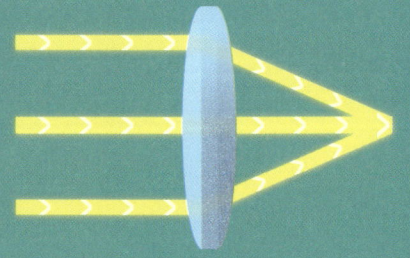

16세기에 사용된 단순한 현미경

렌즈

렌즈는 빛을 구부릴 수 있는 투명한 물체예요. 렌즈는 대부분 유리로 만드는데, 그 종류가 아주 많아요. 렌즈는 안경과 망원경, 확대경, 쌍안경 같은 광학 기구를 만드는 데 쓰여요. 현미경에 가장 많이 사용되는 렌즈는 빛을 구부러뜨려 초점에 모으는 렌즈예요.

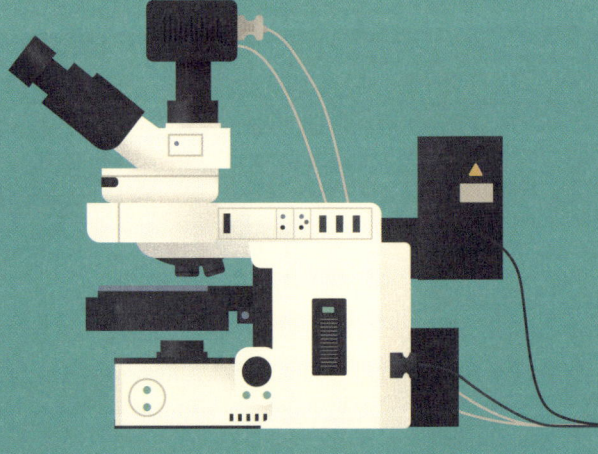

현미경은 사용하는 빛, 렌즈의 수, 표본과 사용한 기술에 따라 그 종류가 아주 많아요.

페트리 접시

둥글고 납작한 유리 또는 플라스틱 접시로, 실험실에서 미생물을 배양하는 데 쓰여요. 페트리 접시에는 대개 배지(培地)가 들어 있어요. 배지는 세균이 좋아하는 영양물질로 만드는데, 우무(한천)를 많이 사용해요.

전자 현미경

광학 현미경 대신에 전자 현미경을 사용하면 훨씬 작은 물체도 볼 수 있어요. 예컨대 바이러스(◎30쪽 참고)처럼 아주 작은 것도 볼 수 있어요.

광학 현미경은 빛을 사용해 물체의 상을 얻지만, 전자 현미경은 전자를 사용해 아주 작은 물체의 상을 얻어요. 전자 현미경은 광학 현미경보다 훨씬 정교하고 복잡한 기구이지만, 하는 일은 기본적으로 똑같아요. 렌즈를 사용해 전자 빔을 구부러뜨려 우리가 관찰하고자 하는 물체의 상을 확대해요.

전자는 유리를 통과하지 못하기 때문에, 도넛 모양의 자석인 전자기 렌즈를 사용해요. 유리 렌즈가 빛을 구부러뜨리는 것처럼 전자기 렌즈는 전자를 구부러뜨려요.

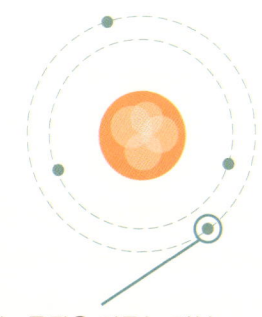

전자는 물질을 이루는 기본 입자인 원자 속에 들어 있는 소립자예요.

(『처음 읽는 양자물리학』 참고).

전자 현미경으로 얻은 꽃가루 사진

우리는 빛은 볼 수 있어도 전자는 볼 수 없어요. 그래서 전자 현미경은 우리가 관찰하는 물체의 모습을 볼 수 있도록, 컴퓨터 물체의 상을 확대해서 화면에 띄워요.

- 전자를 발사하는 '전자총'
- 음극
- 양극
- 전자기 렌즈
- 1차 전자 빔
- 기둥
- 전자기 렌즈
- 시료실
- 전자 검출기
- 2차 전자 빔
- 관찰하는 시료
- 진공실
- 상을 처리하는 컴퓨터
- 상을 시각화하는 화면
- 저장 시스템

세포

모든 생물은 세포로 이루어져 있고,
세포는 생명의 기본 단위예요.

모든 세포는 세포막과 세포질과 DNA로 이루어져 있어요. 세포막은 세포질을 둘러싸고 있는 막으로, 세포질을 외부와 분리해 보호해요. 세포질은 세포를 채우고 있는 액체 물질로, 여러 가지 세포 소기관이 들어 있어요. 유전 물질인 DNA는 모든 유전 정보가 담겨 있는 커다란 분자로, 세포에게 어떤 일을 해야 하는지 그리고 어떻게 행동해야 하는지 지시해요.

세포는 크게 두 종류로 나뉘어요.

세포핵이 있는 세포를 진핵세포라고 하는데, 여기에 유전 물질인 DNA가 들어 있어요. 원핵세포는 더 간단한 세포인데, 세포핵이 따로 없고, 유전 물질이 세포질 안에서 떠다녀요.

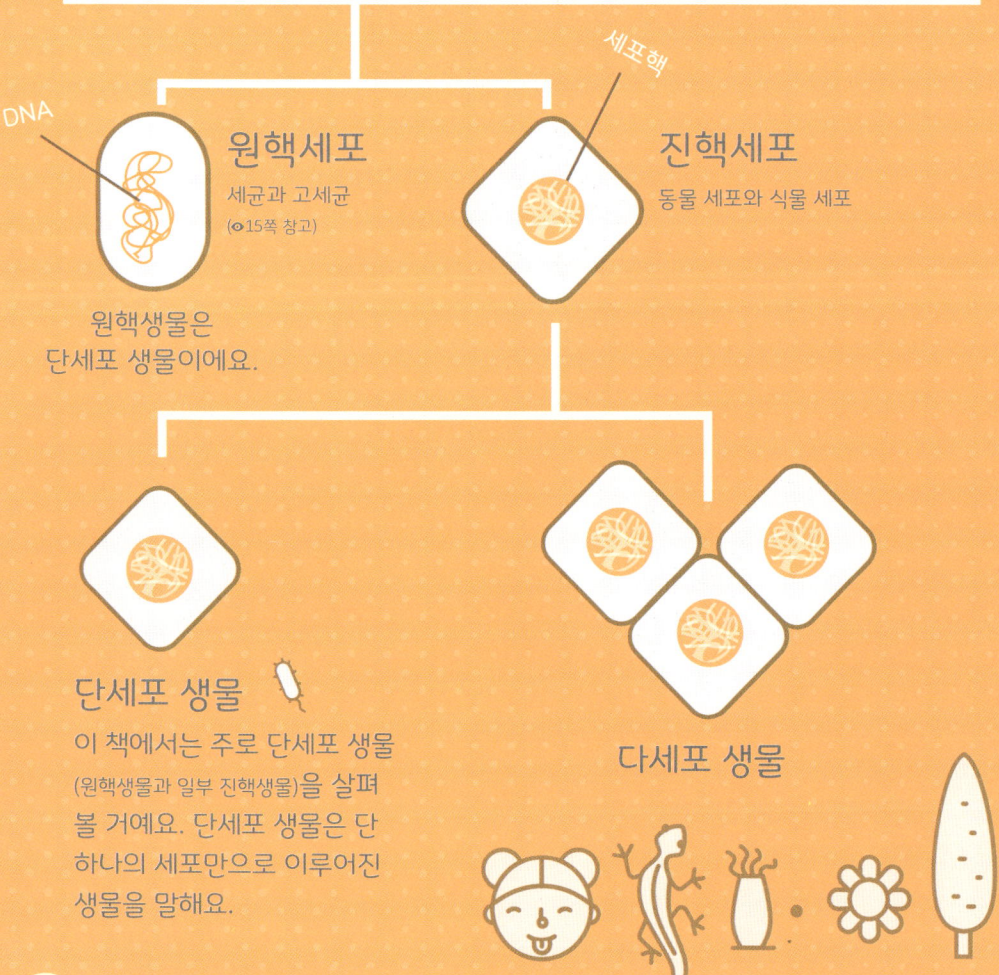

원핵세포

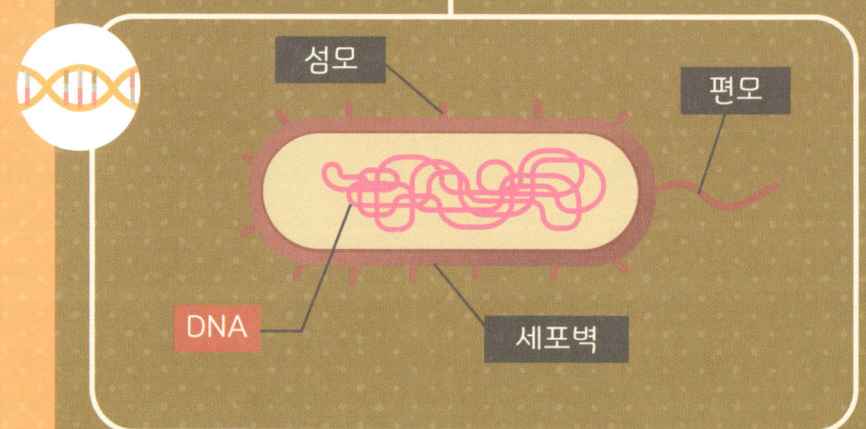

진핵세포

진핵세포를 구성하는 물질은 다음과 같아요.

1. **세포핵**: 유전 물질(DNA)이 들어 있어요.

2. **원형질막**: 세포질을 둘러싸고 있는 막으로, 세포를 통과하는 물질의 출입을 조절해요.

3. **세포질**: 세포에서 세포핵을 제외한 부분으로, 세포의 나머지 구성 물질들이 들어 있는 액체예요.

4. **세포 소기관**: 세포질 속에 들어 있는 여러 가지 소기관으로, 제각각 다른 기능을 수행해요.

5. **세포 골격**: 단백질 섬유로 이루어진 그물 모양의 구조로, 세포의 형태를 유지해요.

6. 원핵세포와 달리 진핵세포는 각자 **특별한 기능을** 수행하는 여러 가지 세포 소기관이 있어요.

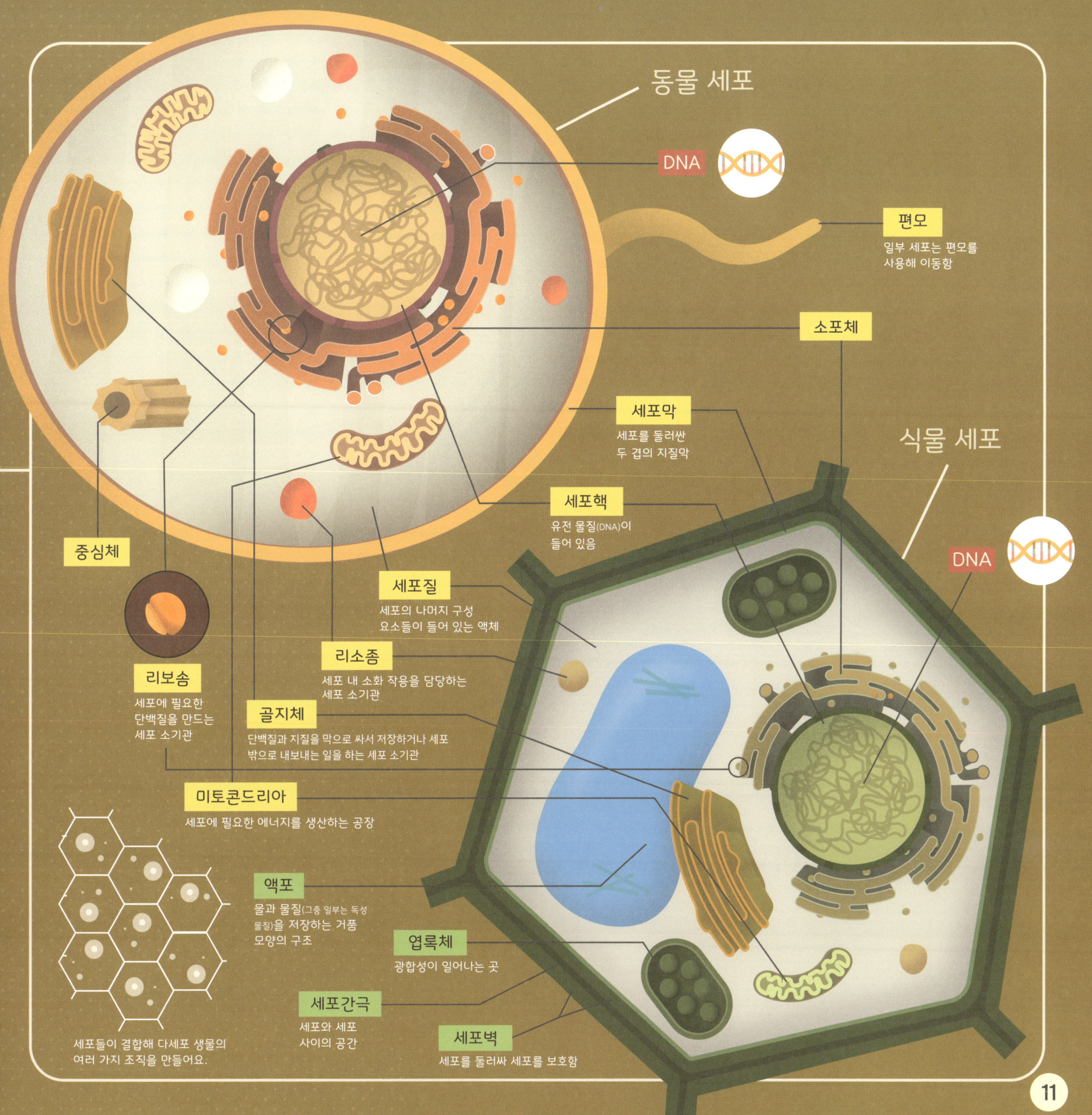

미생물의 종류

미생물은 지구에서 가장 작은 생물이에요.
미생물은 종류가 아주 많고, 서로 아주 달라요.
미생물은 대부분 단 하나의 세포로 이루어진 단세포 생물이에요.

단세포 생물

원핵생물

원핵생물은 단 하나의 원핵세포로 이루어진 미생물이에요. 원핵세포는 가장 원시적인 세포예요. 원핵세포는 세포핵이 없고, 유전 물질(DNA)이 세포질 속에서 자유롭게 떠다녀요.

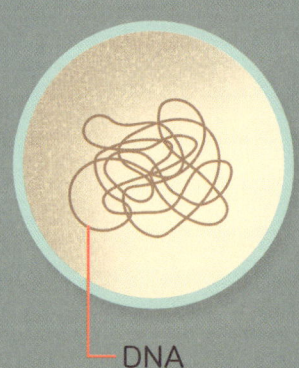
DNA

진핵생물

유전 물질(DNA)이 세포핵 속에 들어 있는 진핵세포로 이루어진 미생물이에요. 동물과 식물의 세포는 모두 진핵세포예요.

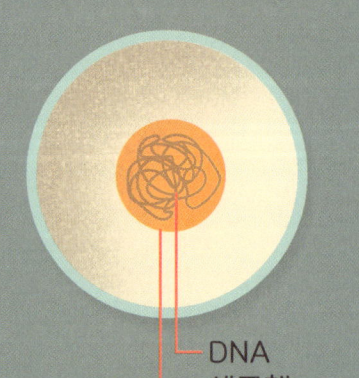
DNA
세포핵

무세포 생물

바이러스

바이러스는 아주 특별한 미생물이에요. 세포가 아니거든요(그래서 무세포 생물이라고 해요). 바이러스를 아예 생물로 쳐 주지 않는 과학자들도 많아요. 바이러스는 자라지도 않고 먹이도 먹지 않기 때문이지요. 게다가 바이러스는 스스로 증식하지 못하며, 다른 생물의 세포를 감염시켜야 증식할 수 있어요. 바이러스는 미생물 중에서도 가장 작은 미생물이에요.

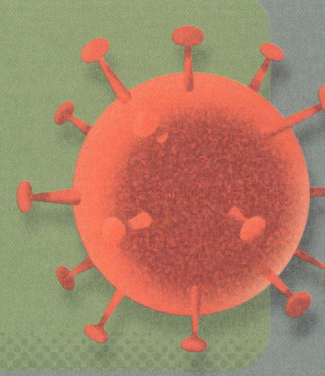

세균

세균은 지구의 모든 생명체 중에서 그 수가 가장 많고, 거의 모든 곳에 살고 있어요. 세균은 종류에 따라 크기와 모양이 다양해요. 둥근 모양, 길쭉한 모양, 나선 모양 등 온갖 모양이 다 있어요. 사람에게 이로운 세균이 더 많지만, 병원성 세균은 병을 일으키기도 해요.

고세균

고세균은 세균과 아주 비슷하지만, 세균이 먹지 못하는 것을 '먹을' 수 있어요. 다른 생명체가 살 수 없는 '극한' 환경에서 살아가는 고세균도 있어요. 고세균은 병원성이 아니어서 질병을 일으키지 않는다는 게 큰 특징이에요.

균류(菌類)

균류에는 빵을 만들 때 사용하는 효모와, 과일을 썩게 하는(분해하는) 곰팡이와 버섯이 포함돼요. 균류는 하나 이상의 세포로 기다란 실(이것을 균사라고 불러요)을 만드는 능력이 있어요.

조류(藻類)

조류는 단세포 생물이 많고, 식물처럼 광합성을 할 수 있어요. 세포 속에 엽록소가 들어 있어 햇빛을 이용해 영양물질을 만들 수 있어요.

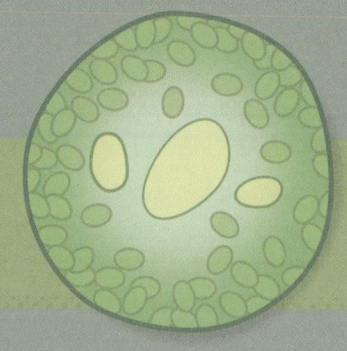

원생동물

원생동물은 단 하나의 세포로 이루어진 단세포 동물이라고 할 수 있어요. 원생동물은 대개 습한 환경에서 살고, 움직이며 이동하는 능력이 있어요. 일부 원생동물은 세균 같은 다른 생물을 '먹고' 살아요.

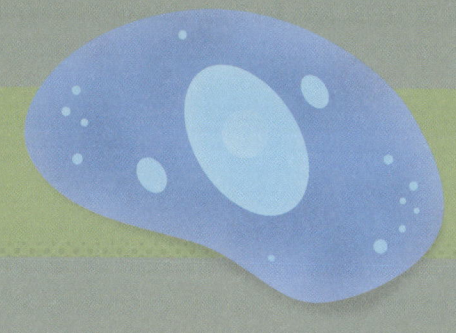

세균

세균은 지구에서 아주 중요한 생물 집단이에요. **지구에서 그 수가 가장 많은 생물 집단이기도 해요.** 그 수는 약 1,000,000,000,000,000,000,000,000,000,000(1 다음에 0이 30개 붙은 수)개나 된다고 해요. 세균은 **사람뿐만 아니라 지구의 생태계에 꼭 필요해요.**

지구에 존재하는 세균은 너무나도 많아서 그 무게를 다 합치면 모든 동물과 식물을 합친 것보다 많이 나갈 거예요.

세균은 사람에게 해로울까요?

질병을 일으키는 병원성 세균도 있지만, 세균은 대부분 사람에게 해롭지 않아요. 사실, 사람 몸속에도 세균이 많이 사는데, 그 무게를 다 합치면 약 1킬로그램이나 돼요. 그러나 염려하지 않아도 돼요. 이 세균들이 없으면, 우리는 제대로 살아갈 수가 없어요(◉21쪽 참고).

세균은 어디에 있을까요?

세균은 모든 곳에 있어요. 땅 위, 하늘, 물속, 땅속, 심지어 여러분의 피부와 털과 몸속에도 있어요.

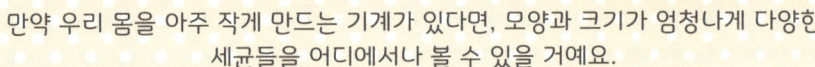

만약 우리 몸을 아주 작게 만드는 기계가 있다면, 모양과 크기가 엄청나게 다양한 세균들을 어디에서나 볼 수 있을 거예요.

세균의 구조

세균은 단 하나의 원핵세포로 이루어진 생물이에요. 원핵세포는 가장 단순한 세포로, 주요 특징은 진핵세포와 달리 유전 정보가 담긴 유전 물질, 즉 DNA가 세포핵(◎11쪽 참고) 속에 있는 게 아니라 세포질 속에 퍼져 있다는 점이에요.

세포벽은 식물 세포의 가장 바깥쪽에 있는 막으로, 단단하고 튼튼해 세포를 둘러싸서 보호해요. 세포의 모양은 세포벽의 모양에 따라 결정돼요. 또한 세포벽의 바깥을 둘러싸고 있는 외막(피막)을 갖는 세균도 있어요.

핵양체는 코일 모양의 DNA(유전 정보) 분자가 들어 있는 곳이에요. 핵양체는 세포질 속에 있어요.

리보솜은 세포의 단백질 공장이에요. 세포가 단백질을 '생산'할 필요가 생기면, 필요한 정보를 전령을 통해 DNA에서 리보솜으로 보내요. 그러면 리보솜에서 단백질의 기본 재료인 아미노산들이 DNA의 지시에 따라 서로 조립되면서 단백질이 만들어져요.

편모는 채찍처럼 생긴 이동 기관으로, 일부 세균에서 발견돼요. 세균은 편모를 움직여 이동할 수 있어요.

세포막 또는 **원형질막**은 두 층으로 이루어진 막이에요. 이 막을 통해 밖에서 영양물질이 세포 속으로 들어오고, 내부의 쓰레기 물질이 밖으로 나가요.

세포질은 세포막 속에 들어 있는 액체 물질로, 세포 소기관과 핵양체를 포함하고 있어요.

선모는 털처럼 생긴 구조물로, 섬모보다는 길고 편모보다는 짧아요. 세균은 선모를 주로 자기들끼리 유전 정보를 전달하는 데 사용해요.

섬모는 많은 세균의 표면에 털처럼 돋아 있는 구조로, 다른 표면에 들러붙는 데 쓰여요.

플라스미드는 독립적으로 행동하는 고리 모양의 DNA 분자예요.

세균의 종류

세균은 그 종류가 어마어마하게 다양해요. 제각각 고유한 특성과 특징을 지닌 세균이 수천 종이나 있어요. 해가 없는 세균도 있지만, 질병을 일으키는 세균(병원성 세균)도 있어요. 살아가는 데 산소가 필요한 세균(호기성 세균)도 있고, 산소가 필요 없는 세균(혐기성 세균)도 있어요. 또, 편모가 없는 세균도 있고, 편모가 하나만 있는 세균과 여러 개 있는 세균도 있지요.

이렇게 세균의 종류가 아주 많다 보니 세균을 분류하는 게 쉽지 않아요. 그래서 **모양**에 따라 분류하는 것도 한 방법이에요.

모양에 따라 분류하면 크게 세 종류가 있어요.

간균(막대균)

막대처럼 기다란 모양의 세균이에요. 그 예로는 젖산 간균이 있어요.

다음과 같이 여럿이 모여 집단으로 존재하는 간균도 있어요.

쌍간균(쌍막대균)
두 간균이 들러붙은 형태.
(폐렴 간균)

연쇄 간균(사슬 막대균)
많은 간균이 사슬처럼 연결된 형태.
(모닐리포르미스 연쇄 간균)

나선균

나선 모양으로 생긴 세균이에요.

(매독균)

구균

구균은 공처럼 구형으로 생긴 세균이에요.

구균은 독립적인 세포로도 존재하지만, 다음과 같이 함께 모여 집단을 이루기도 해요.

쌍구균
두 구균이 쌍을 이룬 형태.
(임균)

포도상 구균
구균이 포도송이 모양으로 모여 있어요. 세균들은 어떤 방향으로도 분열할 수 있어요.
(표피 포도상 구균)

사연구균
네 구균이 모인 집단 형태.
(남극 구균)

연쇄상 구균
많은 구균이 사슬 모양으로 늘어서 있어요. 세균들은 한 축 방향으로만 분열해요.
(B군 연쇄상 구균)

포도상 구균을 서양 언어에서는 '스타필로코쿠스(staphylococcus)'라고 불러요. 이 단어에서 'staphylo-'는 '포도'를 뜻하는 그리스어 '스타필레(staphyle)'에서, 구균을 뜻하는 'coccus'는 '알갱이'를 뜻하는 그리스어 '코코스(kokkos)'에서 왔어요.

세균의 번식

세균은 아주 단순한 생물이에요. 세균은 기본적으로 먹고 자라고 증식하면서 시간을 보내요.

세균의 번식 방법

세균은 이분법, 즉 자신과 똑같은 세포를 복제하는 방법으로 번식해요. 세균 하나가 2개로 쪼개지면서 똑같은 세균이 2개 생겨나는 방식이에요.

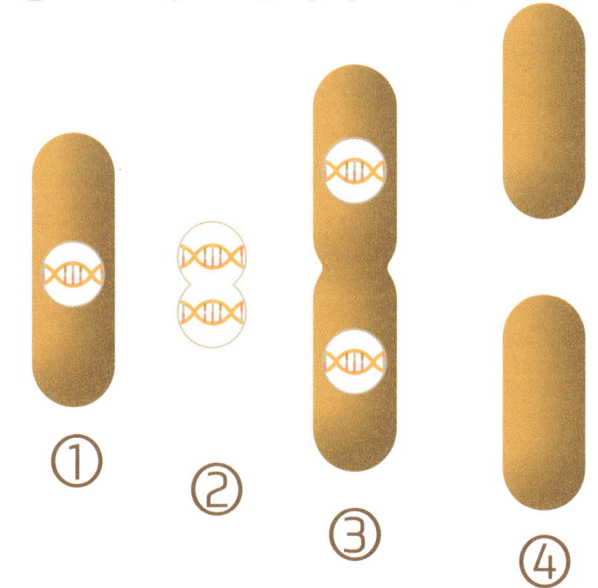

① ② ③ ④

① 세균은 주변 환경에 있는 영양물질을 먹거나 흡수하면서 자랍니다.

② 세균이 어느 정도 자라면, 유전 물질인 자신의 DNA를 똑같이 복제해요.

③ 각각의 DNA 분자가 정반대 쪽으로 이동하고, 모세포가 2개의 딸세포로 분열하면서 원래 가지고 있던 물질을 절반씩 나눠 줘요.

④ 이렇게 해서 하나의 세포에서 똑같은 딸세포 2개가 만들어져요.*

* 그런데 언제나 완전히 똑같은 세포가 생기지는 않아요. 세균이 DNA를 복제하는 과정에서 작은 실수가 일어날 수 있고, 그래서 유전 정보가 조금 변할 수 있어요. 이런 일이 일어나면, 새로 생긴 세균은 부모 세균과 조금 달라요. 이럴 때 돌연변이(◉46쪽 참고)가 일어났다고 말해요.

세균이 큰 성공을 거둔 비결은 아주 빠른 증식 속도에 있어요.

예를 들면, 대장균은 20분마다 한 번씩 분열을 해요.

다시 말해서, 20분이 지나면 세균 1개가 2개가 돼요. 40분이 지나면 4개가 되고, 1시간이 지나면 8개가 되지요. 이렇게 한 시간마다 세균의 수는 8배씩 늘어나요.

그렇게 많은 것 같지 않다고요? 이렇게 계속 분열하면, 어떤 일이 벌어지는지 한번 볼까요?

1시간
8개

2시간
64개

3시간
512개

4시간
4096개

5시간
3만 2768개

시간이 지나면서, 세균이 늘어나는 모습이에요!

먹이 풍족 — 증식 — 먹이 부족 — 죽음

세균은 영원히 사는 것도 아니고, 무한히 증식만 하는 것도 아니에요. 환경이 나빠지고 먹이가 없으면, 세균도 증식을 멈추고 죽어요.

우리는 혼자가 아니예요!

비록 우리 눈에는 보이지 않지만, 우리 몸 표면이나 몸속에는 수많은 미생물이 살아요. 이 미생물들은 수백만 년 전부터 우리 몸에서 비밀리에 살아왔고, 이제 우리는 이들이 없으면 살아갈 수가 없어요.

어떤 생물의 몸 표면 또는 몸속에 사는 모든 미생물을 **미생물총 또는 미생물 군계** 라고 불러요.

우리 몸에 사는 미생물은 대부분 해를 끼치지 않고 우리와 공생 관계로 살아가요. 이는 곧 우리가 살아가는 데 미생물이 필요하고, 미생물도 살아가려면 우리가 필요하다는 뜻이에요. 그러나 우리에게 해를 끼치는 미생물도 있어요.

예를 들면, 양치질을 제대로 하지 않으면 입속에 사는 세균 때문에 이가 썩어요.

우리의 미생물총 중 일부는 피부와 입, 콧구멍, 눈, 귀, 폐, 생식기, 소화관에서 살아요.

우리의 미생물총 중 90%는 창자에서 살아요.(이 세균들을 흔히 **장내 세균총**이라고 불러요).

우리 몸무게 중 '200그램~1킬로그램'은 우리 몸에 사는 세균이 차지해요.

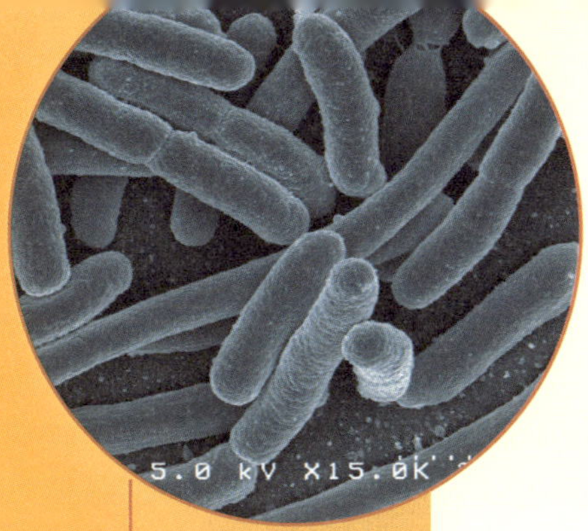

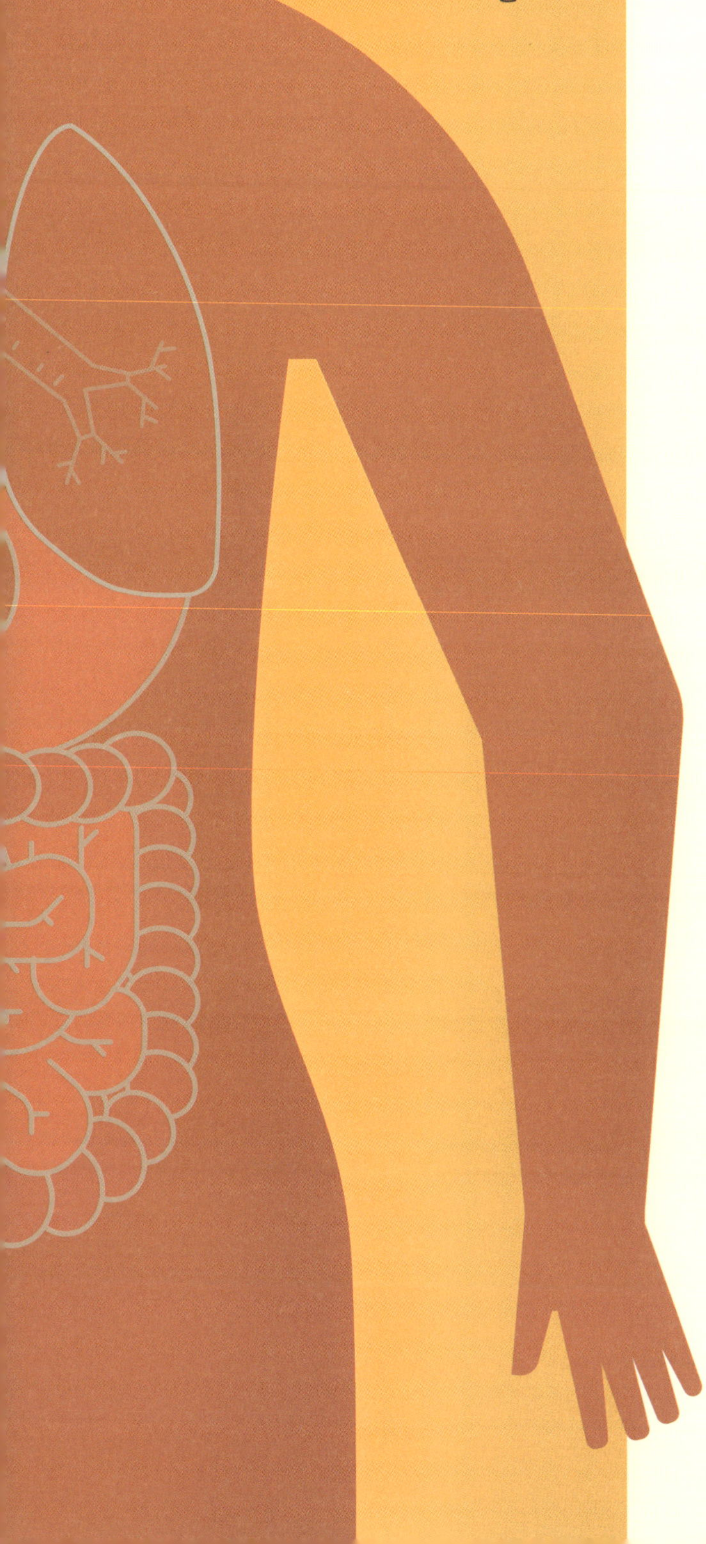

우리가 잘 돌보아야 하는 우리 몸의 미생물

우리는 걸어 다니는 생태계예요. 우리와 함께 살아가는 미생물은 1만 종이 넘고, 그 수는 수십조 개나 돼요.

대장균은 우리 몸에 붙어사는 주요 세균 중 하나예요. 우리가 소화를 제대로 하려면 대장균이 필요해요.

매우 개인적인 미생물총

사람마다 미생물총이 제각각 달라요. 그리고 한 사람의 미생물총은 살아가는 동안 계속 변해요. 우리는 태어날 때 어머니의 미생물총 일부를 물려받는데, 자라면서 각자의 미생물총은 음식과 개인위생과 주변 사람과 동물의 위생에 따라 다양하게 진화해요.

날마다 우리는 가족과 친구, 심지어 애완동물과 온갖 종류의 미생물을 교환해요.

팀워크

미생물은 우리의 건강에 꼭 필요하고, 태어나서 죽을 때까지 우리와 함께 살아가요. 우리의 미생물총은 병원성 세균이 우리 몸속에서 번식하기 어렵게 만들고, 음식 소화를 돕고, 비타민을 만들고, 우리 몸이 흡수하는 영양물질에 영향을 미쳐요.

미생물총을 건강하게 유지하려면, 다양하고 균형 잡힌 음식물을 섭취해야 해요.

인간 미생물총은 우리 몸속이나 몸에 붙어사는 모든 미생물을 말해요. 그중 대부분은 세균이지만, 고세균과 균류, 바이러스도 있어요.

고세균

고세균은 세균과 아주 비슷한 단세포 생물이에요. 둘이 너무나도 비슷하다 보니, 1977년에 고세균이 처음 발견되었을 때, 과학자들은 고세균을 좀 특별한 형태의 세균이라고 생각했어요.

고세균은 지구에 최초로 나타난 생명체일지도 몰라요. 고세균을 가리키는 영어 단어 '아키아(archaea)'는 '오래된' 또는 '원시적인'이라는 뜻의 그리스어 '아르카이아(arkhaia)'에서 유래했어요.

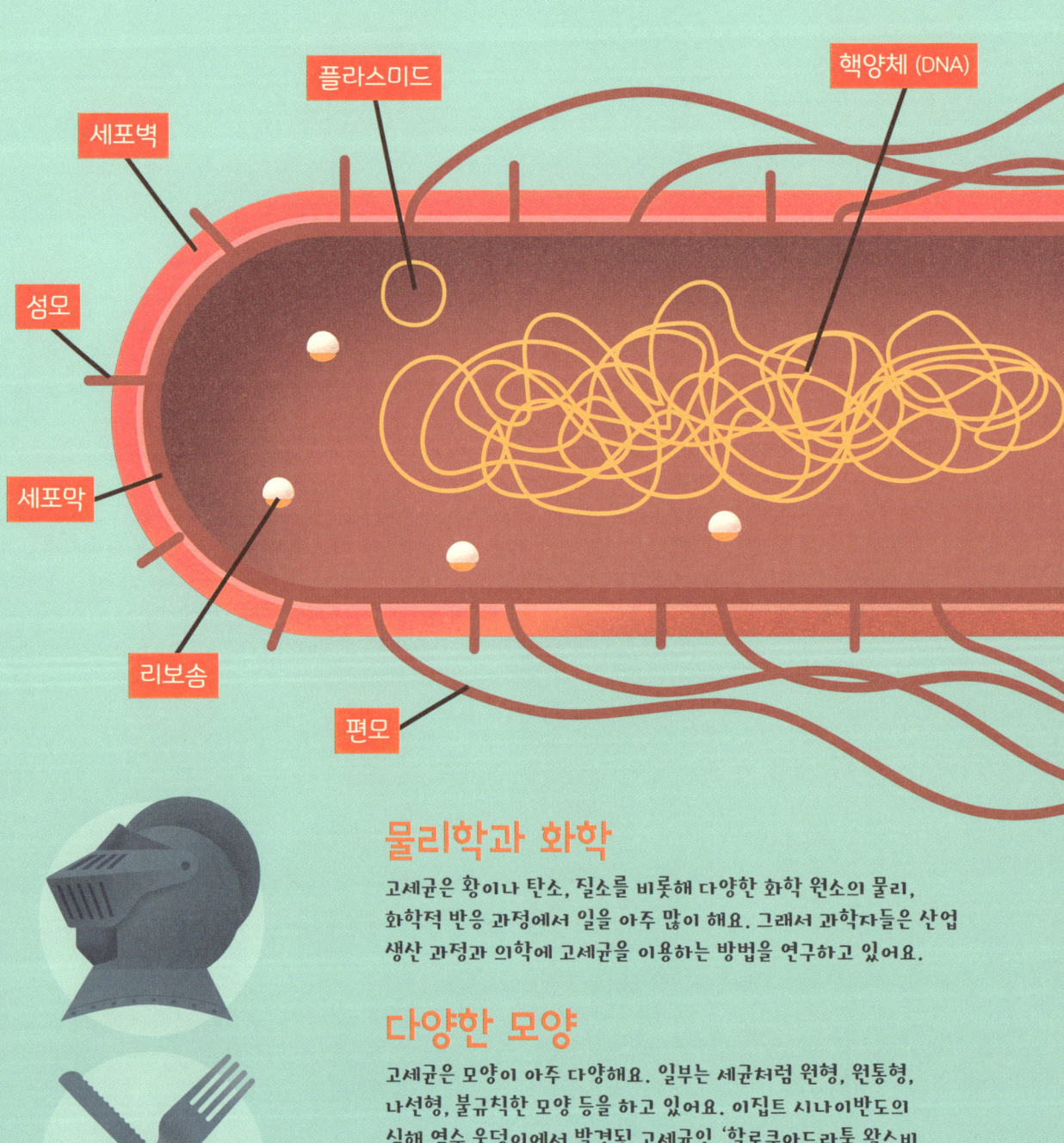

고세균은 원핵생물이고, 세균과 마찬가지로 그 세포에 세포핵이나 세포 소기관이 없어요. 그러나 첫인상과 달리 지금은 고세균은 세균과 아주 다르다는 사실이 밝혀졌어요.

예를 들면, 고세균의 세포막은 나머지 모든 세포의 세포막과 크게 달라요. 고세균의 세포막은 매우 튼튼해서 고세균에게 아주 강력한 힘을 주는 것처럼 보이기도 해요.

고세균이 에너지와 영양분을 얻는 방법은 아주 다양해요. 고세균은 못 먹는 것이 거의 없고, 심지어 햇빛에서 에너지를 얻기도 해요.

물리학과 화학

고세균은 황이나 탄소, 질소를 비롯해 다양한 화학 원소의 물리, 화학적 반응 과정에서 일을 아주 많이 해요. 그래서 과학자들은 산업 생산 과정과 의학에 고세균을 이용하는 방법을 연구하고 있어요.

다양한 모양

고세균은 모양이 아주 다양해요. 일부는 세균처럼 원형, 원통형, 나선형, 불규칙한 모양 등을 하고 있어요. 이집트 시나이반도의 심해 염수 웅덩이에서 발견된 고세균인 '할로쿠아드라툼 왈스비(Haloquadratum walsbyi)'는 사각형 모양이에요.

극한 환경에서도 잘 살아가는 고세균

고세균은 산소가 풍부한 대기가 없던 시절에 지구에서 크게 불어나기 시작했어요. 튼튼한 세포막과 아주 다양한 방식으로 먹이와 에너지를 얻는 능력 덕분에 고세균은 거의 모든 곳에서 살 수 있어요. 실제로 많은 고세균은 다른 '생물'이 살 수 없는 극한 환경에서 살아가고 있어요. 산소가 전혀 없는 곳이나 염분이 아주 높은 곳, 산성이 아주 강한 물, 온도가 아주 높은 곳에서도 고세균을 발견할 수 있어요. 그래서 이들을 **극한 미생물**이라고 불러요(다만 극한 미생물은 고세균만 있는 게 아니에요. 극한 미생물로 분류되는 세균도 있어요).

고세균은 어디에 살까요?

아주 추운 환경

산성이 강한 물

열수 분출공은 지구에서 가장 살기 힘든 극한 환경 중 하나예요. 열수 분출공은 대개 햇빛이 전혀 미치지 않는 깊은 바다 밑에 있어요.

해저 열수 분출공은 활화산 지역에서 발견되는데, 여기서 맨틀의 마그마 때문에 뜨거워진 물과 미네랄 물질이 뿜어져 나와요. 뿜어져 나오는 물의 온도는 최고 400°C에 이르러요.

압력과 온도가 아주 높고 빛도 없어 완전히 캄캄한 이 극한 환경에서도 고세균은 열수 분출공에서 나오는 미네랄을 먹으며 살아가고 있어요.

땅 위

다른 생물의 몸

고세균은 질병을 일으키지 않아요.

균류

균류는 진핵생물인데, 주요 특징은 세포벽의 주성분이 키틴*이라는 점이에요.
균류는 섬모나 편모가 없어 스스로 움직일 수 없어요.

* 조류와 식물도 세포벽이 있지만, 그 세포벽은 셀룰로스(섬유소)가 주성분이에요.

균류는 단세포 생물인 효모에서부터 다세포 생물인 곰팡이와 버섯에 이르기까지 그 종류가 아주 다양해요. 균류 중에는 이로운 것도 있고 해로운 것도 있어요. 균류는 지구에서 살아가는 생물에게 꼭 필요해요. 균류를 연구하는 과학자를 균류학자라고 해요.

스스로 영양분을 만들지 못하는 균류

광합성 작용으로 영양분을 스스로 만드는 (이런 생물을 독립 영양 생물이라고 해요) 식물과 조류(◎28쪽 참고)와 달리 균류는 스스로 영양분을 만들지 못해요. 그래서 주변 환경에서 영양분을 구해야 해요. 이 때문에 균류는 동물이나 원생동물처럼 종속 영양 생물이에요.

키틴은 곤충과 거미의 외골격이나 게의 단단한 껍데기를 만드는 주성분이에요.

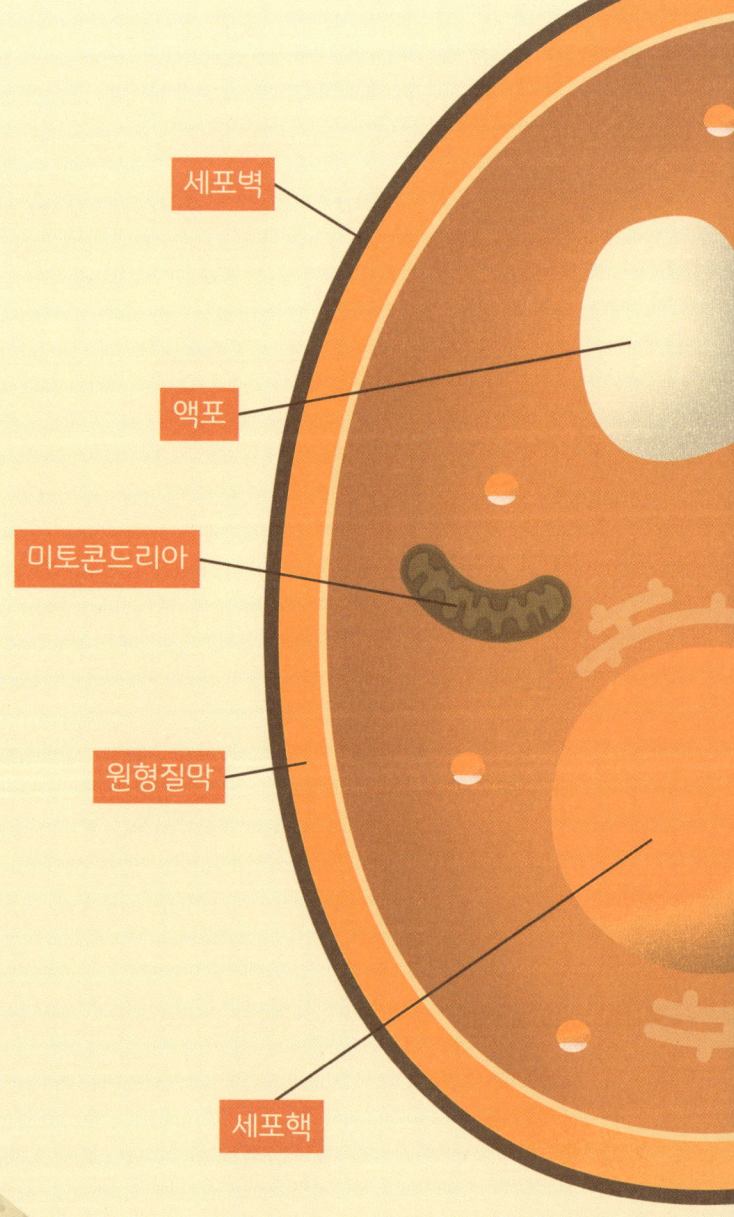

- 출아흔
- 세포벽
- 액포
- 미토콘드리아
- 원형질막
- 세포핵

균류는 생태계에 아주 중요해요. 세균과 함께 죽은 유기 물질을 분해하는 주요 생물이기 때문이에요.

곰팡이는 다세포 균류의 한 종류로, 과일을 썩게 만들고 빵을 상하게 만들어요. 곰팡이는 균사(땅이실)라고 부르는 기다란 실처럼 생긴 세포들로 이루어져 있어요. 곰팡이가 슨 빵을 자세히 살펴보면, 보풀처럼 생긴 게 보여요. 이것은 곰팡이 균사가 얽히고설켜 뻗어 나가 생긴 덩어리인데, 균사체라고 부르는 이 균사 덩어리들이 모여 곰팡이를 만들어요.

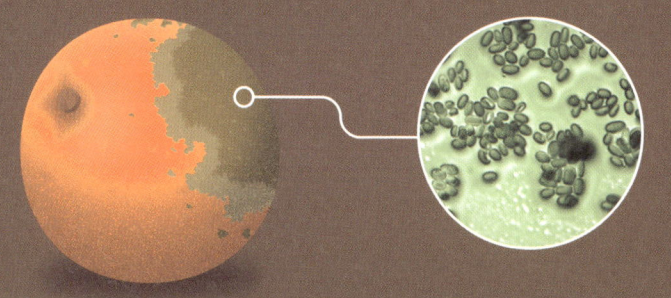

효모

효모는 단세포 균류의 한 종류로, 음식물의 발효*를 도와요. 발효 과정에서 효모는 당류를 알코올과 이산화탄소(CO_2) 같은 물질로 변화시켜요.

예를 들면, 맥주 효모균은 당류를 발효시켜 알코올을 만드는 효모로, 맥주와 와인을 만드는 데 쓰여요.

효모는 빵을 만드는 데에도 쓰여요. 반죽에 효모를 첨가하고 나서 내버려 두면, 효모가 당류를 발효시켜 이산화탄소(CO_2)가 생겨요. 이산화탄소 기체는 반죽에 거품을 만드는데, 그래서 이 반죽을 오븐에 넣고 구우면, 구멍이 숭숭 뚫려 가볍고 질감이 좋은 빵이 만들어져요.

*루이 파스퇴르(◉41쪽 참고)는 효모나 세균 같은 미생물이 발효를 일으킨다는 사실을 밝혀냈어요.

균류 중에는 질병을 일으키는 것도 있어요. 균류 때문에 생기는 감염 질환을 진균증이라고 해요.

진균증의 예로는 무좀이 있어요. 무좀은 피부 사상균이라는 균류 때문에 발에 생기는 피부 질환이에요. 피부 사상균은 피부에서 공기가 잘 통하지 않고 축축한 부분을 좋아해요. 그래서 공기가 잘 통하지 않고 눅눅한 신발을 아주 좋아해요.

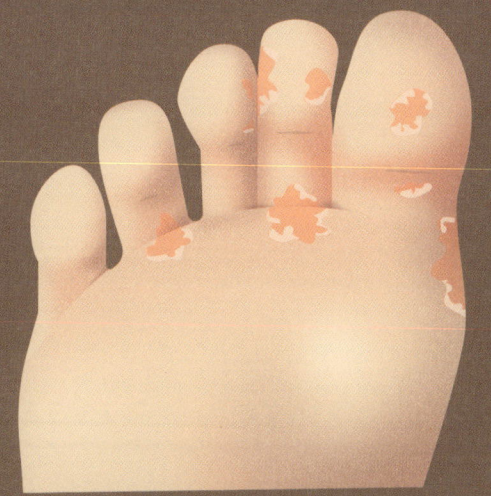

균류는 의약품을 만드는 데에도 쓰여요. 사실, 최초의 항생제인 페니실린은 흔히 푸른곰팡이라고 부르는 페니실리움 노타툼(*Penicillium notatum*)으로 만들었어요.(◉45쪽 참고)

균류는 기본적으로 땅에서 살아요. 그중 많은 것은 병원성이어서 동물과 식물을 감염시키지만, 다른 생물과 서로 도우면서 살아가는 균류도 있어요.

원생동물

원생동물은 작은 단세포 원핵생물이에요.

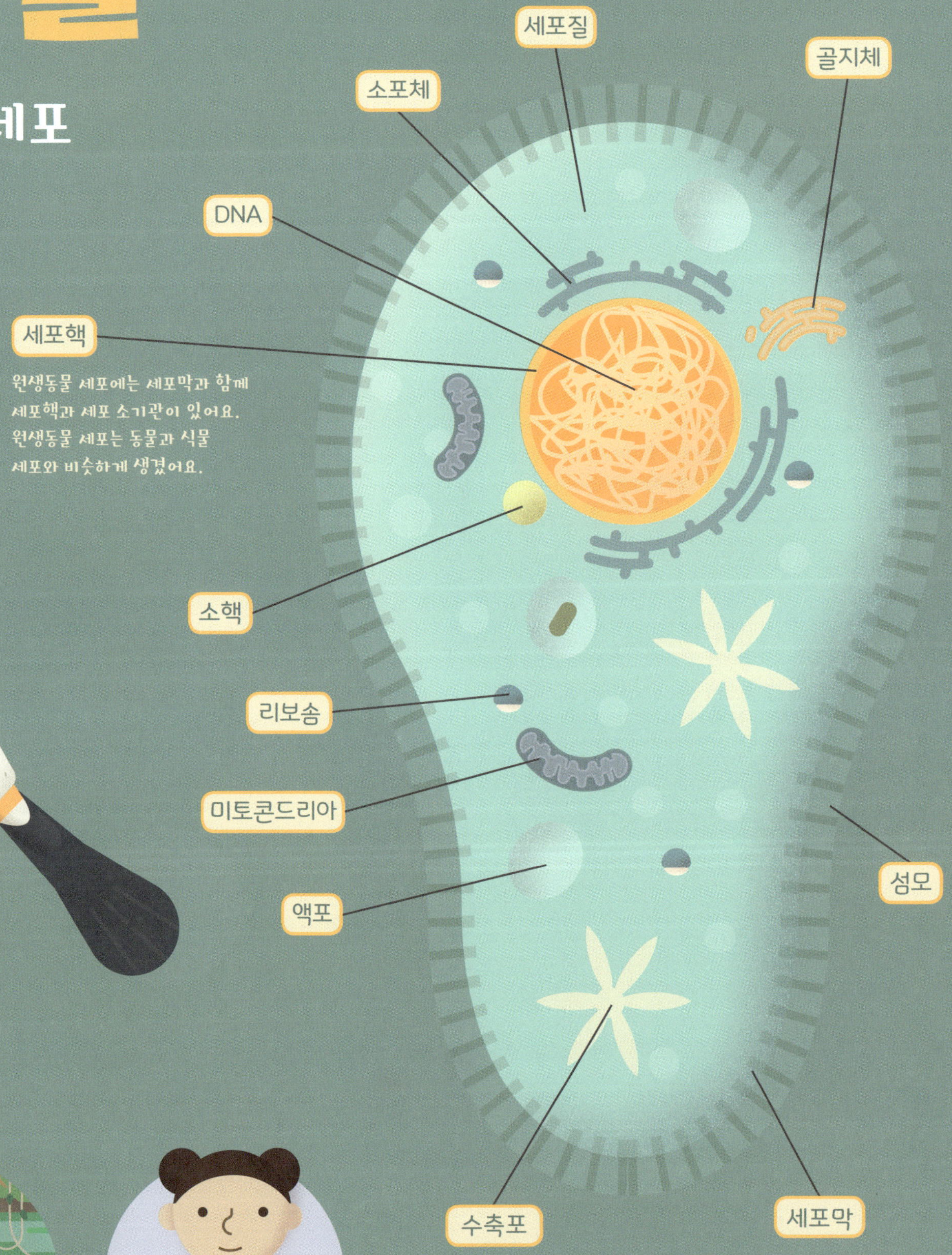

세포핵
원생동물 세포에는 세포막과 함께 세포핵과 세포 소기관이 있어요. 원생동물 세포는 동물과 식물 세포와 비슷하게 생겼어요.

- 소포체
- 세포질
- 골지체
- DNA
- 소핵
- 리보솜
- 미토콘드리아
- 액포
- 수축포
- 세포막
- 섬모

물을 좋아하는 원생동물
원생동물은 수생 환경(짠물이나 민물)에서 잘 살아가요. 또, 다른 생물의 몸속에서 기생충으로 살아가는 원생동물도 있어요.

- 바다
- 강과 호수
- 다른 생물의 몸속

원생동물은 대부분 세균이나 조류, 효모, 더 작은 원생동물을
'사냥'해 먹이를 구해요.

아메바

아메바는 물속에서 자유롭게 살면서 더 작은 미생물을 잡아먹어요. 아메바는 늘 모양이 변하는 젤리 덩어리처럼 생겼어요. 아메바는 위족(원형질 일부가 몸 밖으로 돌출한 것)을 내뻗으면서 이동하는데, 이것을 '아메바 운동'이라고 불러요.

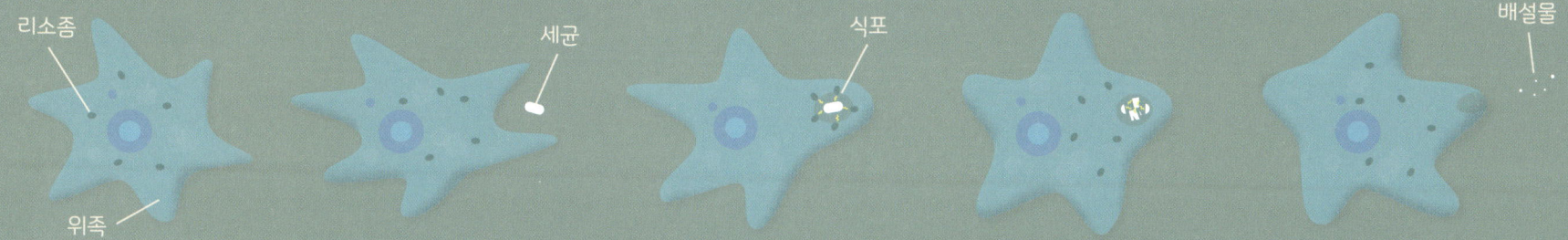

아메바는 먹잇감을 발견하면, 위족을 사용해 그것을 집어삼킨 뒤 소화시켜요. | 아메바 몸속으로 들어온 먹이는 리소좀에 있는 '효소'가 소화시켜요.

편모충

편모가 달린 이 원생동물은 사람의 창자에 사는 기생충인데, '편모충증'이라는 질병을 일으켜요.

편모충은 창자세포에 들러붙어 지나가는 음식물을 먹고 살아요.

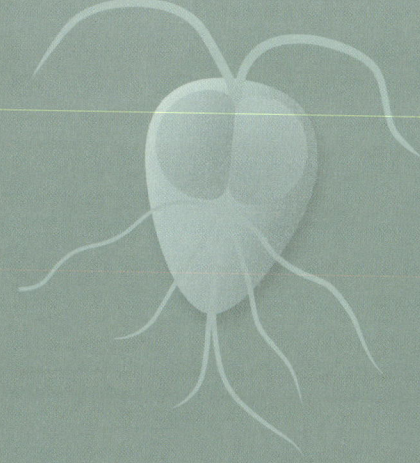

애기짚신벌레

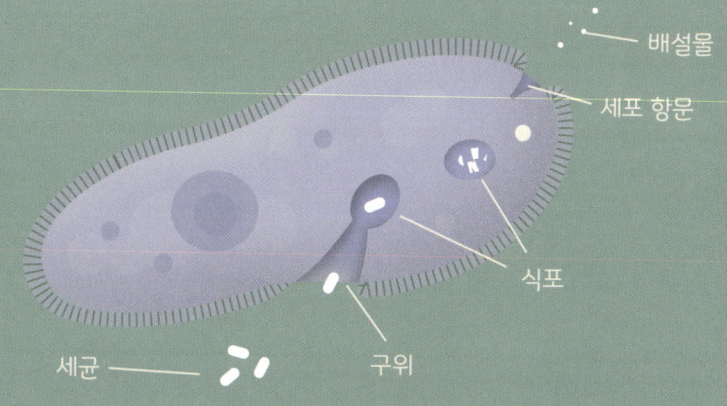

애기짚신벌레는 표면에 섬모라고 부르는 작은 털이 많이 나 있어요. 각각의 섬모가 작은 움직임을 만들어 내는데, 애기짚신벌레는 이 섬모의 움직임을 이용해 이동해요.

애기짚신벌레는 미생물치고는 상당히 큰 편이며, 고여 있는 민물에서 자유롭게 살아요. 입에는 구위(口圍)라고 부르는 홈이 나 있는데, 이것으로 먹이를 '삼켜요'. 먹이는 대개 자신보다 작은 미생물이에요. 먹이를 소화시키고 남은 배설물은 세포 항문을 통해 밖으로 내보내요.

말라리아 원충

말라리아 원충은 혈액 속에서 기생충으로 살아가는 원생동물로, '스스로 움직이는 능력은 없지만' 학질모기를 통해 다른 동물의 몸속으로 옮겨가요. 말라리아 원충은 전 세계에서 해마다 수백만 명이 감염되는 말라리아를 일으켜요.

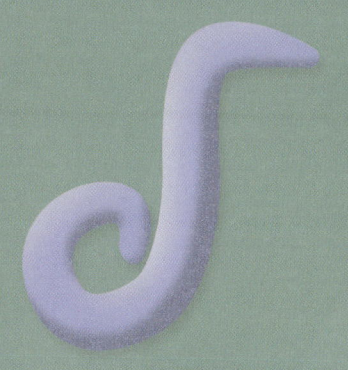

조류

조류는 물에서 살아가는 진핵생물로, 햇빛 에너지를 이용해 스스로 영양분을 만드는 광합성을 할 수 있어요. 따라서 조류는 식물과 마찬가지로 독립 영양 생물이에요.

조류는 종류가 아주 다양하지만, 색에 따라 녹조류, 홍조류, 갈조류 등으로 분류해요.

조류 중에는 길이가 최대 50미터까지 아주 크게 자라 해저 숲을 이루는 종이 있는가 하면, 단 하나의 진핵세포로 이루어진 단세포 생물도 있어요.

바다 　　　 민물

태양 에너지로 살아가는 생물

광합성은 조류와 식물이 햇빛을 살아가는 데 필요한 에너지로 바꾸는 과정이에요.

광합성을 하려면, 엽록체라는 세포 소기관에 들어 있는 초록색 색소인 엽록소를 사용해야 해요.

엽록소는 태양 에너지를 사용해 이산화탄소(CO_2)와 물(H_2O)을 원료로 포도당을 만들어요. 조류와 식물은 이 포도당을 연료로 사용해 살아가는 데 필요한 여러 가지 일(성장과 번식 등)을 해요.

이 과정에서 산소(O_2)가 부산물로 생겨 대기 중으로 배출되는데, 이 덕분에 우리가 편하게 숨을 쉴 수 있어요.

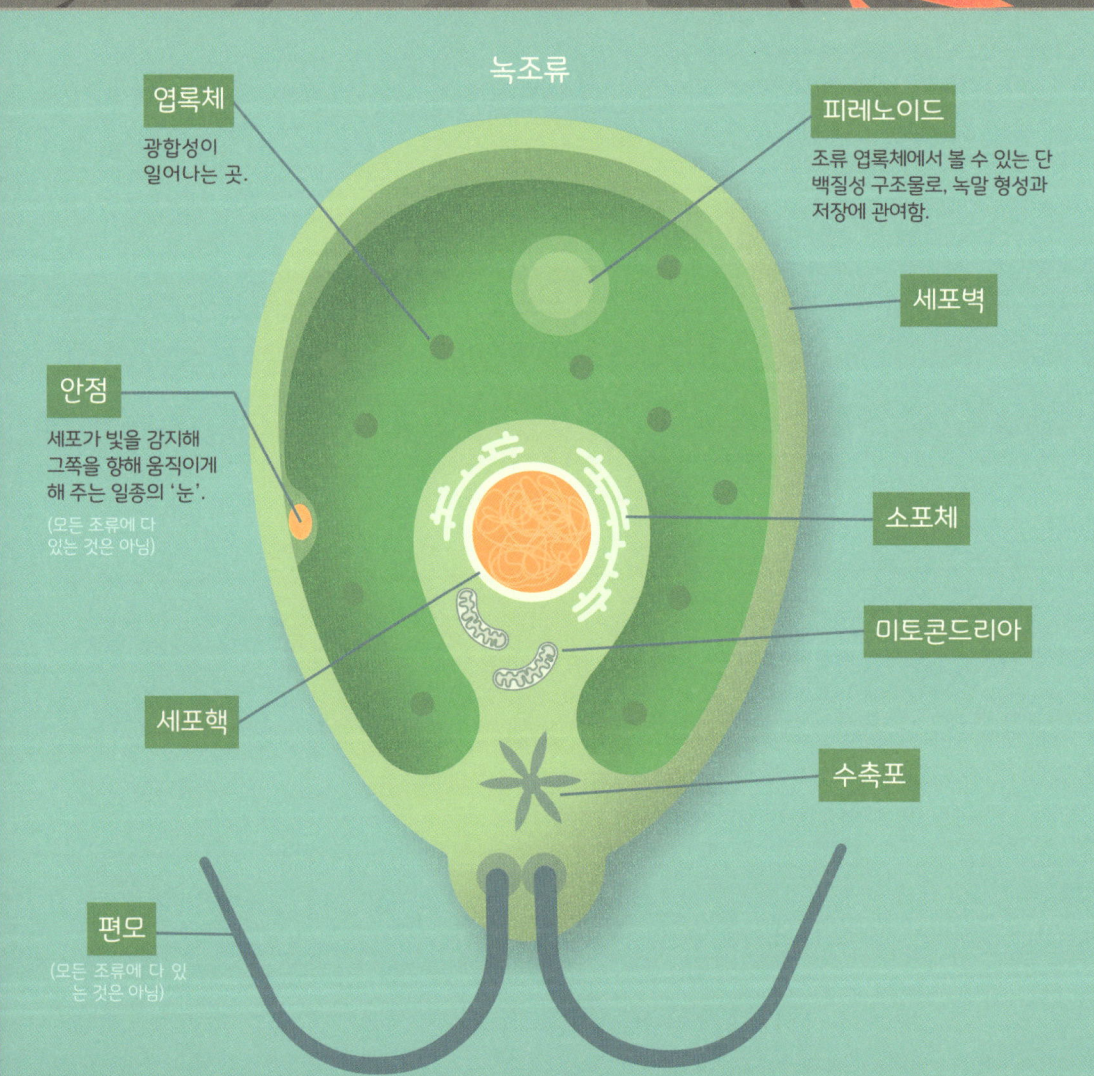

녹조류

- **엽록체**: 광합성이 일어나는 곳.
- **피레노이드**: 조류 엽록체에서 볼 수 있는 단백질성 구조물로, 녹말 형성과 저장에 관여함.
- **세포벽**
- **안점**: 세포가 빛을 감지해 그쪽을 향해 움직이게 해 주는 일종의 '눈'. (모든 조류에 다 있는 것은 아님)
- **소포체**
- **미토콘드리아**
- **세포핵**
- **수축포**
- **편모** (모든 조류에 다 있는 것은 아님)

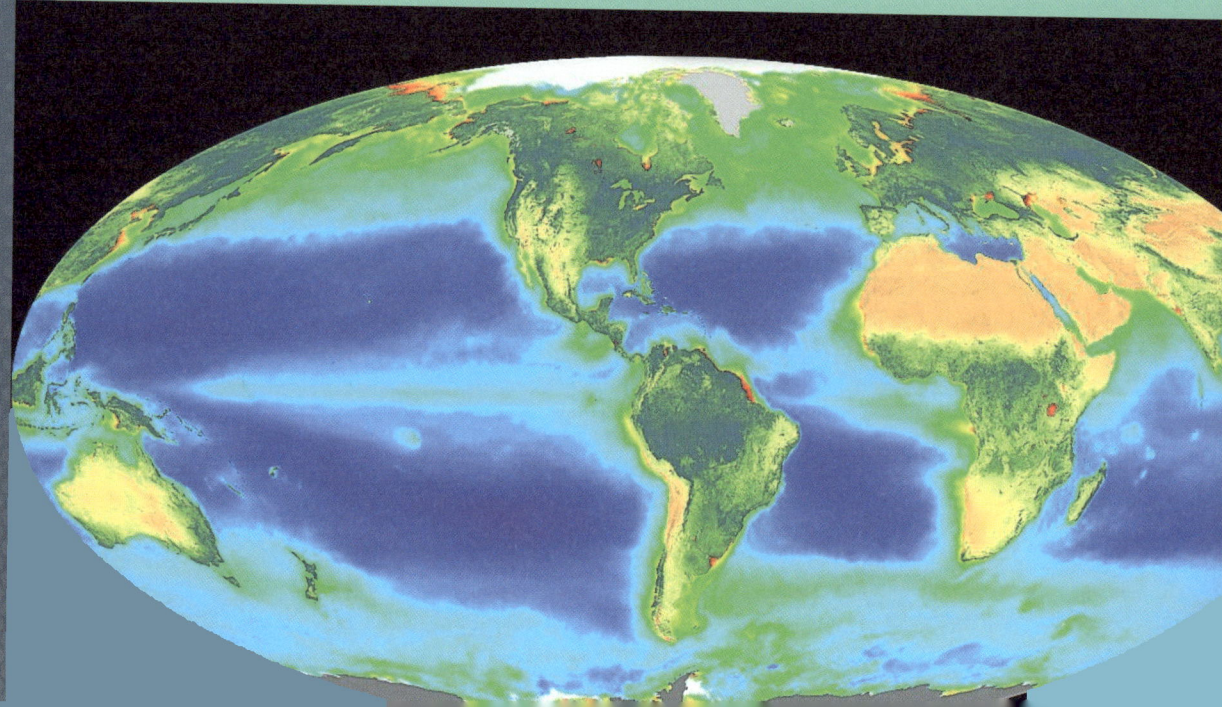

식물 플랑크톤

식물 플랑크톤은 민물이나 짠물에서 살아가는 독립 영양 생물 집단을 가리키는데, 단세포 조류가 그중 일부를 차지해요. 식물 플랑크톤은 지구에 사는 모든 생물에게 아주 중요해요. 많은 수생 동물의 먹이가 될 뿐만 아니라, 대기 중의 산소 중 약 50%를 만들어 내기 때문이에요.

남세균

남세균도 식물 플랑크톤의 한 종류예요. 남세균은 단세포 조류와 아주 비슷하게 생겼어요. 남세균은 광합성을 할 수 있는 독립 영양 생물이지만, 단세포 조류와 달리 원핵세포로 이루어져 있어 세균으로 분류돼요.

남세균은 매우 오래된 생물로, 그린란드에서 발견된 화석에 약 37억 년 전에도 살았다는 흔적이 남아 있었어요. 미생물만 존재하던 초기의 바다에 남세균이 가득 넘쳐났어요. 남세균은 최초의 광합성 생물이었는데, 동물이 숨 쉬는 데 필요한 산소가 대기 중에 충분히 쌓인 것은 다 남세균 덕분이에요.

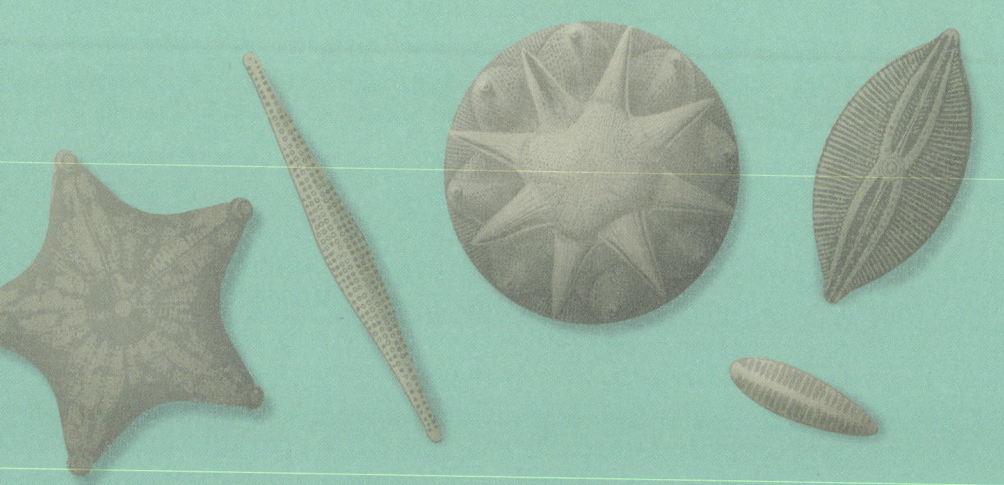

돌말은 식물 플랑크톤 중에서 가장 흔한 단세포 조류 집단이에요. 돌말은 약 2만 종이나 있는데, 개중에는 모양이 아주 특이하거나 겉에 기하학적 문양이 있는 것도 있어요.

돌말의 세포벽은 단단하고 구멍이 숭숭 뚫려 있어요. 이 세포벽은 아주 단단한 유리 같은 돌말 껍질을 만들어요.

바다의 식물 플랑크톤과 육지의 식물이 수행하는 광합성 활동의 전 세계적 분포를 보여 주는 그림.

최대 엽록소 농도:
- 바다
- 육지

© SeaWiFS Satellite

녹조류에서 진화한 식물이 육지에 나타나기 전까지 20억 년 넘게 광합성은 바다에서만 일어났어요.

바이러스

바이러스는 누구나 들어 보았을 거예요. 바이러스는 감기와 독감을 포함해 심각한 질병에 이르기까지 많은 감염과 질병의 원인이 돼요. 그런데 바이러스는 과연 무엇일까요?

유전 물질
DNA 또는 RNA

바이러스는 아주 작아요!
바이러스는 가장 작은 미생물 중 하나로, 세균보다 약 100배나 작아요.

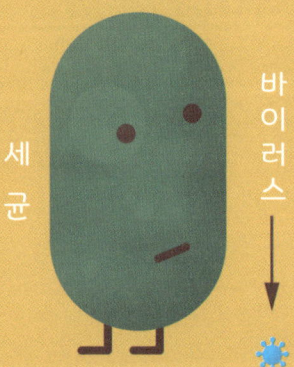

세균 / 바이러스

바이러스는 무세포 생물이에요!
바이러스는 세포가 아니에요. 바이러스는 세균이나 원핵세포와 같은 세포 구조가 없어요. 따라서 미토콘드리아나 세포핵, 리보솜, 세포막, 엽록체 등도 없어요.

캡시드
유전 물질을 둘러싸 보호하는 단백질 껍질

바이러스는 그저 단백질층으로 둘러싸인 DNA나 RNA 분자예요.

두 가닥 DNA

한 가닥 DNA

바이러스 외피
일부 바이러스는 외부로부터 바이러스를 보호해 주는 (바이러스가 다른 세포 속에 들어가 있지 않을 때) 외피가 있어요. 바이러스 외피는 숙주 세포의 세포막에서 유래한 지질층이에요.

바이러스라는 단어는
'독(毒)'을 뜻하는 라틴어
'비루스(virus)'에서
유래했어요.

바이러스는 살아 있는 생물이 아니에요

바이러스는 세포로 이루어진 생물이 아니고, 생물이 스스로 해야 하는 기본 기능을 수행하지 않기 때문에, 많은 과학자는 바이러스를 생물로 간주하지 않아요.

- 바이러스는 스스로 번식하지 못해요.
- 바이러스는 스스로 영양분을 섭취하지 못해요.
- 바이러스는 바이러스끼리 상호 작용을 하지도 않아요.

그런데 어떻게 바이러스는 그 모든 일을 할까요?

바이러스는 기생충처럼 행동해요

바이러스는 번식을 하려면, 살아 있는 세포를 감염시켜야 해요. 그리고 그 세포(바이러스에 감염된 세포를 숙주 세포라고 불러요)의 기구를 이용해 자신을 많이 복제하게 해요.

바이러스는 동물이나 식물, 균류 같은 진핵생물의 세포 또는 세균이나 고세균 같은 원핵생물의 세포도 감염시킬 수 있어요.

세균을 감염시키는 바이러스를 박테리오파지 또는 간단히 파지라고 불러요. 파지는 항생제 대신에 세균 감염(◎44쪽 참고)을 치료하는 데 쓰일 수 있어요. 병원성 세균을 없애고 싶다면, 박테리오파지를 사용해 세균을 죽일 수 있어요.

바이러스가 세포를 감염시키는 방법

바이러스는 세포 속으로 침투한 뒤, 자신의 유전 물질을 세포 속에 집어넣어 세포가 원래 가지고 있던 유전 정보를 대체해요. 바이러스에게 핵심 기능을 빼앗긴 세포는 그 뒤 바이러스 생산 공장으로 변해 바이러스를 수없이 복제하게 되지요. 새로 만들어진 바이러스들은 세포를 뚫고 나가 다시 다른 세포들을 감염시켜 자신을 더 많이 만들게 해요.

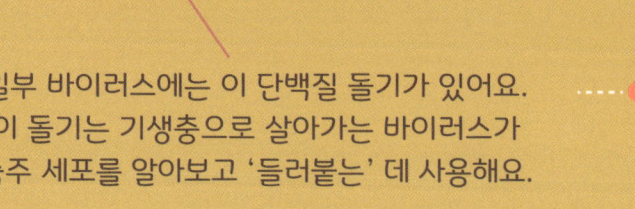

일부 바이러스에는 이 단백질 돌기가 있어요. 이 돌기는 기생충으로 살아가는 바이러스가 숙주 세포를 알아보고 '들러붙는' 데 사용해요.

 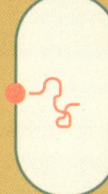  

31

바이러스의 종류

바이러스는 종류에 따라 크기와 모양이 아주 다양해요. 큰 바이러스도 있고 작은 바이러스도 있어요. 캡시드도 원통, 나선, 정이십면체 또는 이보다 훨씬 복잡한 것 등 그 모양이 아주 다양해요. 외피가 있는 바이러스가 있는가 하면, 외피가 없는 바이러스(이런 바이러스를 '벌거벗은' 바이러스라고 불러요)도 있어요.

게다가 세포처럼 DNA 분자의 형태로 유전 물질을 가진 바이러스가 있는가 하면, 다른 미생물과 달리 매우 특이하게 RNA 분자의 형태로 유전 물질을 저장하는 바이러스도 있어요.

바이러스는 균류나 동물, 식물뿐만 아니라 세균과 고세균도 감염시킬 수 있어요. 각각의 바이러스는 특정 종류의 세포를 감염시키도록 전문화되어 있고, 감염된 생물에 제각각 다른 효과와 질병을 일으켜요.

간염 바이러스

헤르페스바이러스
→ 헤르페스 질환

아데노바이러스

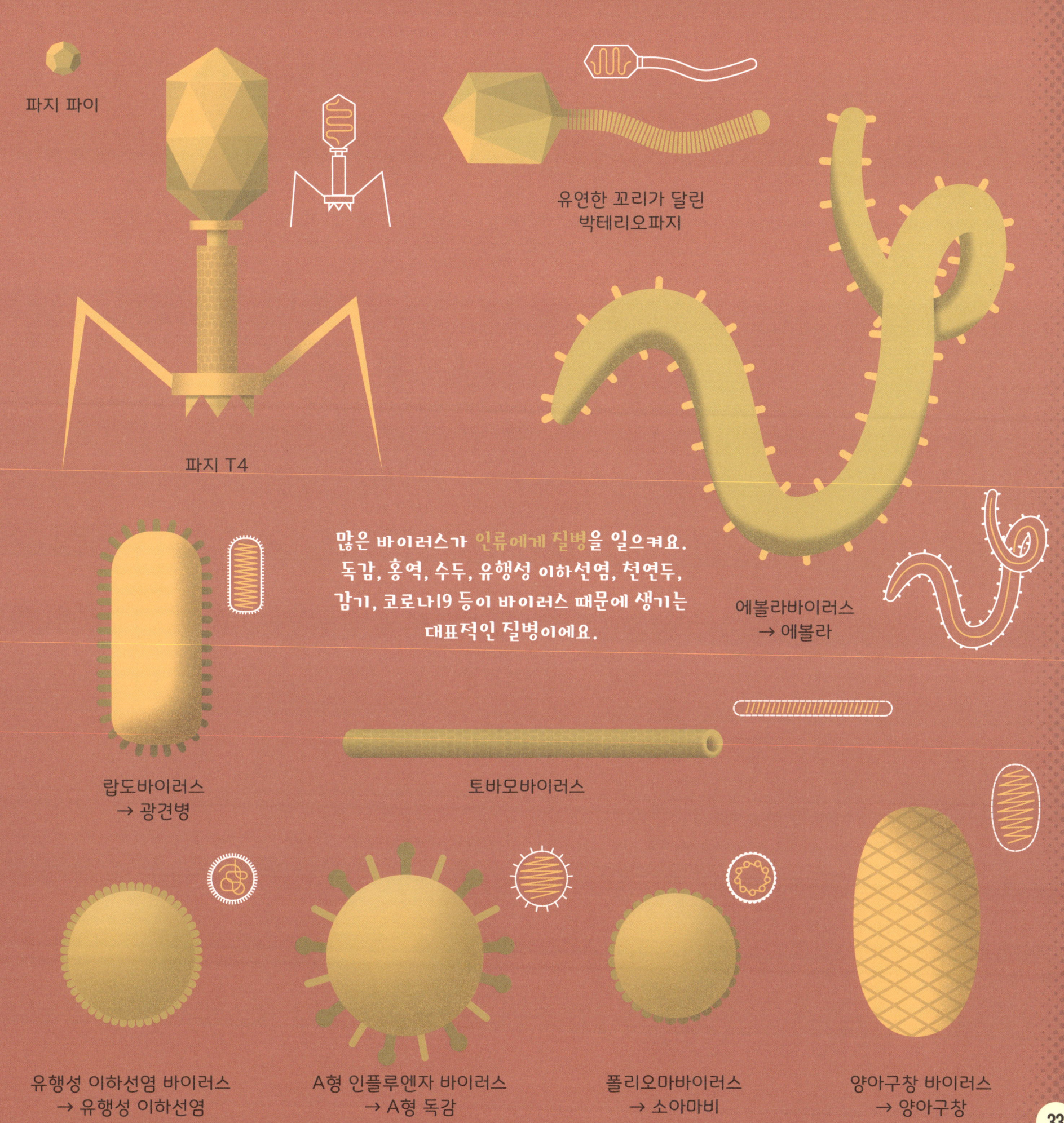

바이러스는 어떻게 세포를 감염시킬까요?

바이러스가 세포를 감염시키려면, 먼저 세포에 '들러붙어야' 해요. 바이러스는 세포의 원형질막에 있는 수용체와 결합함으로써 세포 표면에 들러붙어요.

그러나 모든 수용체가 바이러스와 결합하는 것은 아니에요. 바이러스는 특정 종류의 일부 수용체하고만 결합을 할 수 있어요. 각각의 수용체는 세포의 출입구에 붙어 있는 자물쇠와 같아요. 각각의 바이러스는 한 종류의 자물쇠만 열 수 있는 열쇠가 있어요. 열쇠가 자물쇠와 일치하지 않으면, 바이러스는 세포 속으로 들어갈 수 없어요.

따라서 모든 바이러스가 어떤 세포라도 감염시키는 것은 아니에요. 그 속으로 들어갈 수 있는 세포만 감염시켜요.

일단 바이러스가 자신의 유전 물질(DNA 또는 RNA)을 세포 속으로 집어넣으면, 세포는 그 지시에 따라 그 바이러스를 계속 복제해 만들고, 이렇게 생겨난 바이러스는 다시 다른 세포들을 감염시켜요.

박테리오파지

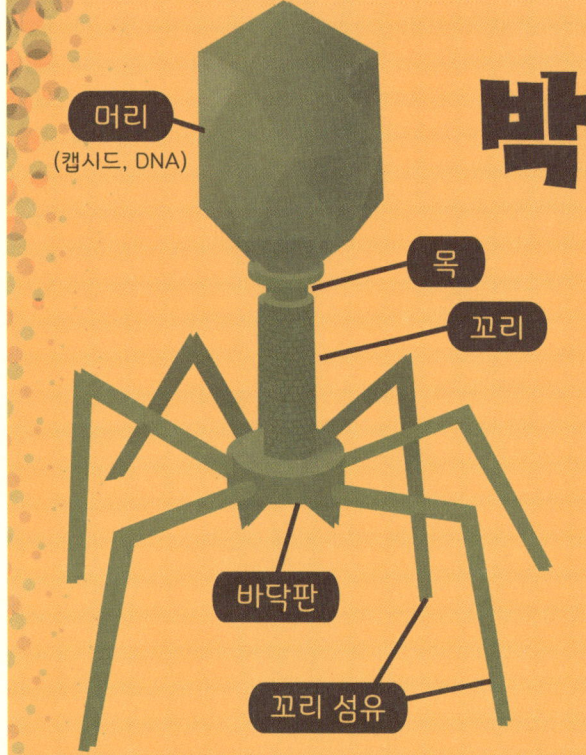

기묘하게 생긴 이 바이러스는 박테리오파지예요. 줄여서 파지라고도 불러요. 번식을 위해 세균을 '해킹'하는 것이 주특기인 바이러스 중 하나예요.

날마다 박테리오파지와 세균은 우리가 모르는 사이에 우리 주변에서 치열한 전쟁을 벌여요. 이때 셀 수 없을 만큼 많은 희생자가 발생해요.

T4 파지는 대장균을 어떻게 감염시킬까요?

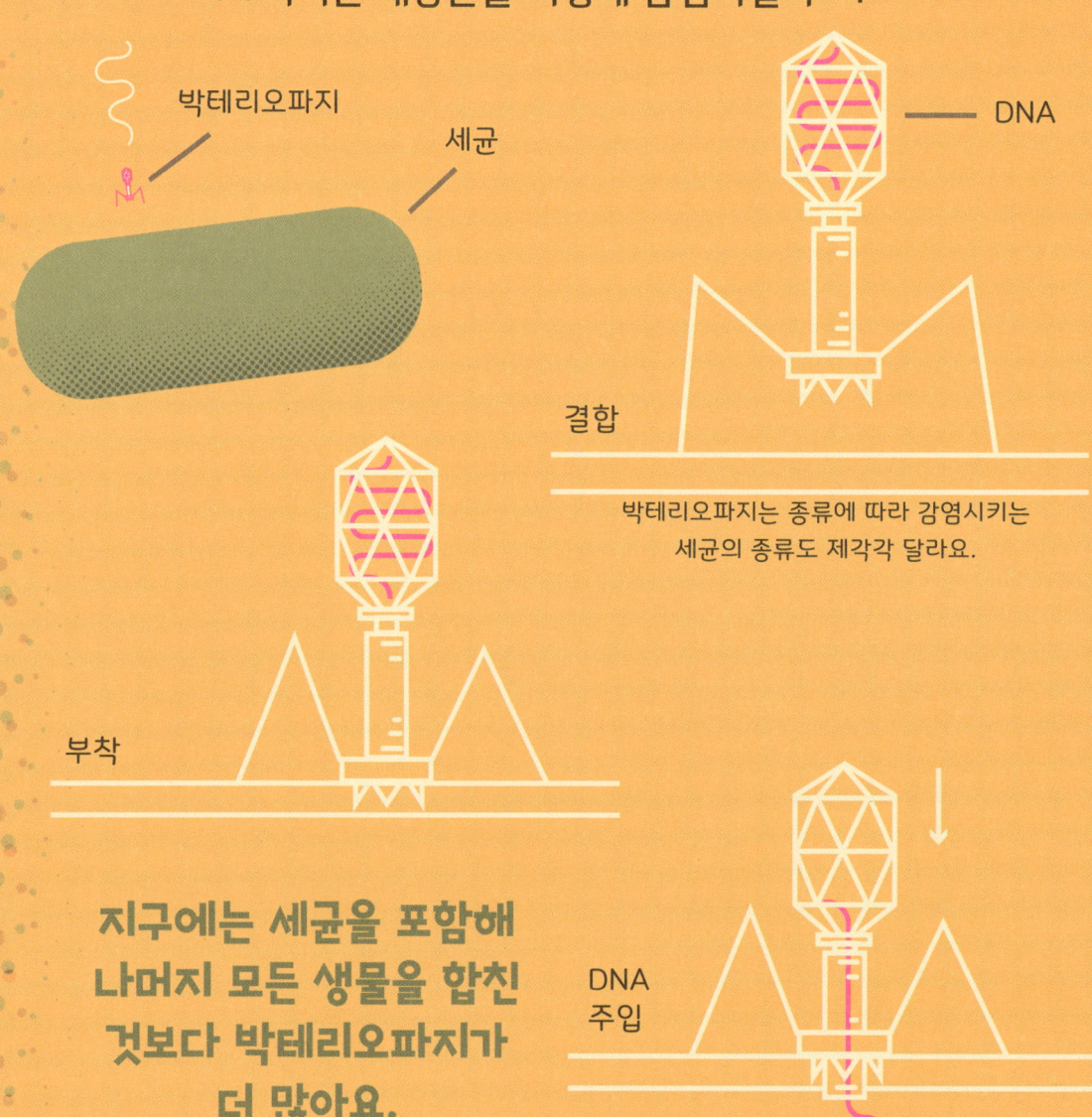

박테리오파지는 종류에 따라 감염시키는 세균의 종류도 제각각 달라요.

지구에는 세균을 포함해 나머지 모든 생물을 합친 것보다 박테리오파지가 더 많아요.

① 앞에서 보았듯이, 세균은 자체 DNA가 있어요. DNA에는 세균에게 어떤 모양을 갖고 어떤 기능을 하라는 등의 지시를 내리는 유전 정보가 담겨 있어요. 즉, DNA는 일종의 작업 지시서와 같아요.

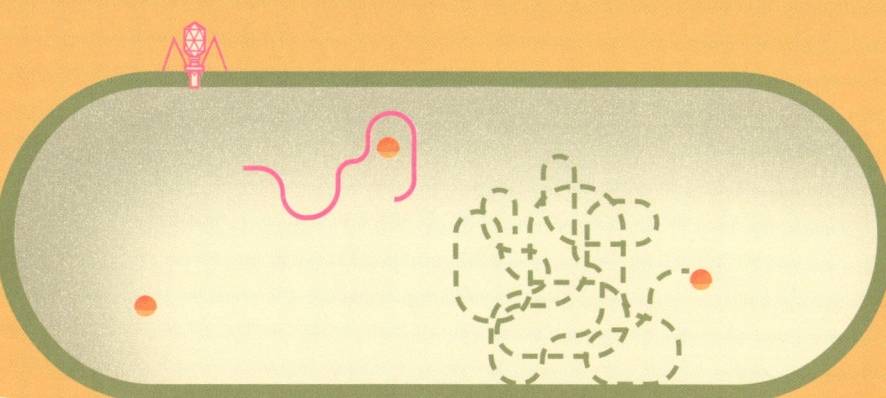

② 일단 세균 세포가 감염되면, 세균의 DNA가 제 기능을 잃고 세포는 박테리오파지의 DNA를 합성하기 시작해요. 이렇게 바이러스가 세포를 완전히 장악해요(3분).

리보솜은 작은 단백질 '생산 공장'이에요. 리보솜이 하는 일은 세균의 유전 지시가 담긴 RNA 암호를 판독해 단백질을 만드는 것이에요. 이렇게 생산된 단백질은 세포에 필요한 '부분'들을 만드는 데 쓰여요.

③ 세포의 리보솜이 바이러스를 위해 일하기 시작하면서 더 많은 바이러스를 만들기 위해 단백질을 생산해요(9분). 이 단백질들은 새로운 바이러스의 구성 요소들(머리와 꼬리)을 만들어요(12분).

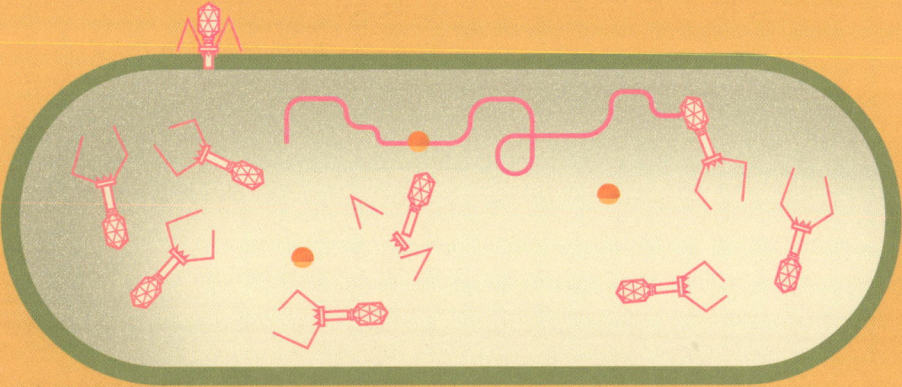

④ 머리가 바이러스의 DNA로 채워지고, 나머지 모든 부분도 조립돼요. 그러면 새로운 바이러스들이 완성되죠(15분).

⑤ 마침내 바이러스들이 세포를 폭발하게(용해하게) 만드는 물질을 만들어요. 그러고 나서 세포 밖으로 나가 다른 세균들을 감염시켜요(22분).

이 모든 일이 일어나는 데에는 채 30분도 걸리지 않아요!

미생물공학

사람은 늘 미생물과 함께 살아왔고, 우리의 미생물총에 포함된 미생물을 비롯해 많은 미생물과 함께 살아가는 법을 배웠어요.

모든 미생물이 병을 일으키지는 않아요. 수천 년 전부터 우리는 일부 미생물을 사용해 음식과 의약품을 만드는 등 미생물을 유익한 용도로 사용했어요. 지금은 기술이 더 발전하고, 미생물학자들이 미생물에 대해 더 많은 것을 알아내면서 미생물이 다양한 분야에서 활용되고 있어요.

식품

앞에서 보았듯이(◎25쪽 참고), 발효는 당류를 알코올이나 이산화탄소, 젖산 등 다른 물질로 변화시키는 과정이에요. 발효를 일으키기 위해 우리는 효모나 세균 같은 다양한 미생물을 사용해요.

빵은 인류가 만들어 먹은 것 중에서도 특히 오래된 식품이에요. 빵집은 기원전 2575년 무렵의 고대 이집트에도 있었어요. 빵을 만들려면, 반죽에 효모를 첨가해 반죽 속에 이산화탄소 기체가 생겨나게 해야 해요. 그래야 빵에 보송보송하고 부드러운 질감이 생겨요.

치즈도 빵 못지않게 오래된 식품이에요. 치즈는 약 8000년 전에 처음 만들어졌어요. 치즈의 종류는 수천 가지나 되는데, 모두 우유의 젖산 발효를 통해 생기는 커드로 만들어요. 커드를 액체에서 분리한 뒤 가만히 내버려 두면 치즈가 생겨요. 우유를 발효시킬 때에는 젖산균이나 비피두스균을 비롯해 다양한 세균을 사용해요. 페니킬룸 로크포르티(*Penicillum roqueforti*)라는 푸른곰팡이의 포자를 첨가하면, 특유의 냄새와 질감과 맛이 있는 로크포르 치즈가 만들어져요.

포도주를 만들려면, 포도를 압착해 포도즙을 짜낸 뒤 내버려 둬요. 효모와 함께 포도 껍질에 있는 미생물이 알코올 발효를 일으켜 포도즙을 포도주로 변화시켜요.

농업

농작물을 마구 먹어치우는 곤충은 농부에게 큰 골칫거리예요. 그런데 미생물을 살아 있는 살충제로 사용해 농작물을 해치는 곤충을 퇴치할 수 있어요. 세균이나 바이러스, 균류를 사용해 특정 곤충을 없앨 수 있어요.

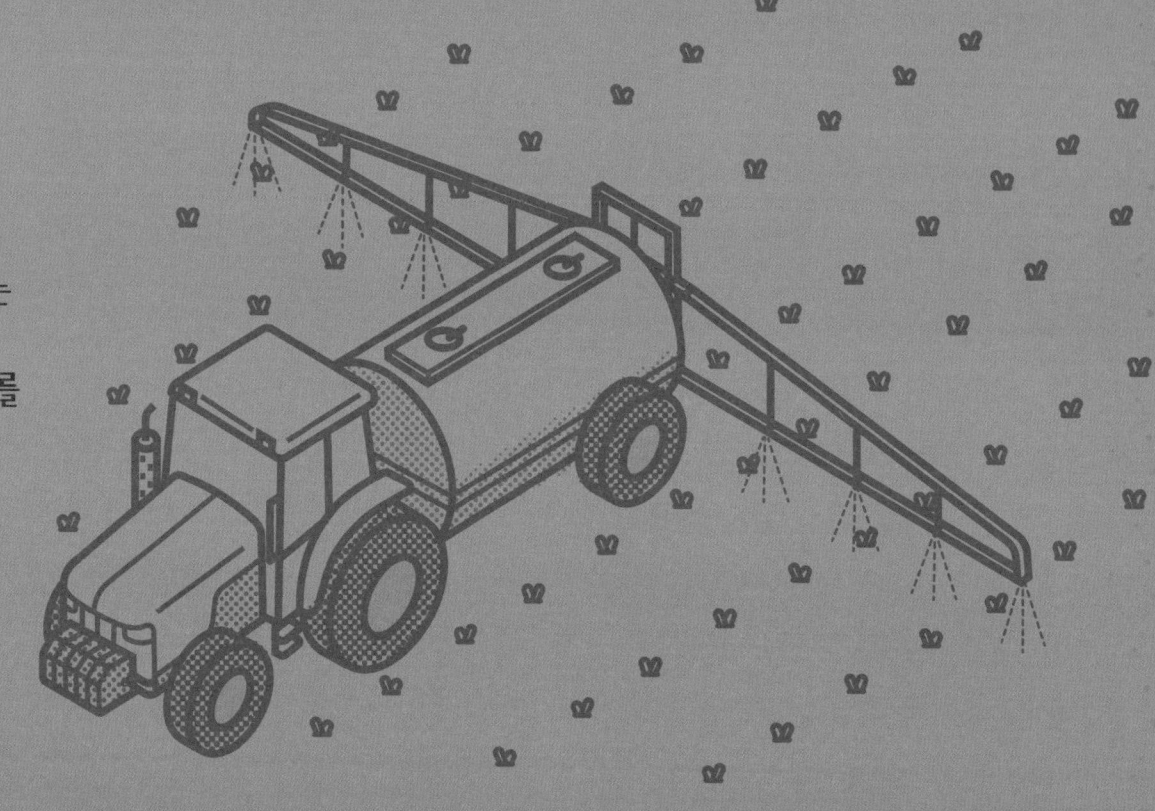

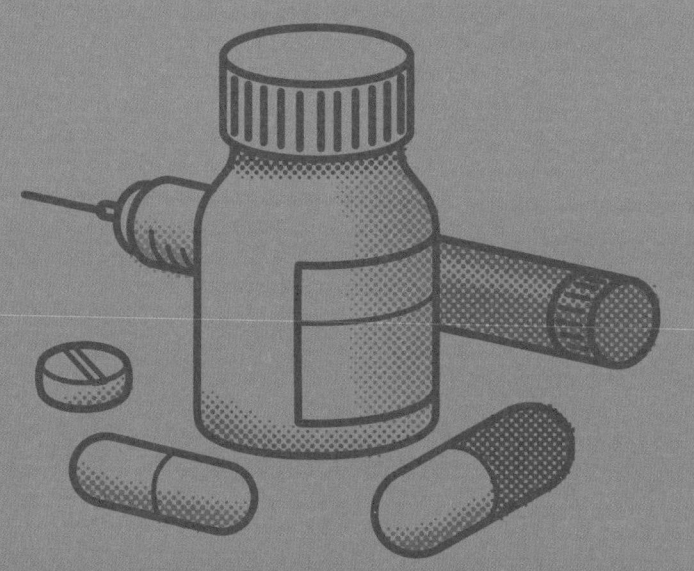

의약품

동물과 사람의 건강을 지키는 데 쓰이는 제품 중에는 미생물로 만든 것이 많아요. 예컨대 유전자 변형 세균과 균류를 사용해 의약품을 만들 수 있어요. 그런 의약품의 예로는 항생제, 인슐린(당뇨병 치료에 아주 중요함) 같은 호르몬, 암을 치료하는 항암제 등이 있어요.

환경

바다에서 일어나는 기름 유출은 환경에 큰 재앙을 가져와요. 그런데 석유의 구성 성분인 탄화수소 화합물을 먹어치우는 세균을 사용해 유출된 기름을 제거할 수 있어요. 대개는 이 세균들이 좋아하는 영양 물질을 기름에 첨가하는 방법을 써요. 그러면 세균이 유출된 기름을 더 빨리 '먹어치우면서' 기름을 분해하기 때문에 해양 오염의 피해를 줄일 수 있어요.

이것들은 미생물을 이롭게 사용하는 수많은 예 중에서 일부일 뿐이에요. 어쨌든 생물공학에 미생물을 사용할 때에는 아주 조심해야 해요. 만약 잘못 사용하면 항생제에 내성이 생긴 병원체가 나타나는 것처럼 심각한 부작용이 발생할 수 있기 때문이에요.

'작은' 다세포 생물

미생물에는 단세포 생물만 있는 게 아니에요. 현미경으로 봐야만 보이지만, 믿기 힘든 다세포 미생물들이 우리 피부와 털을 비롯해 모든 곳에 아주 많이 살고 있어요.

모낭충
이 무해한 미생물은 사람 얼굴과 속눈썹에 붙어사는데, 우리가 생각하는 것보다 훨씬 흔해요. 모낭충은 피부의 털구멍과 눈 주위의 분비샘에서 분비되는 물질을 먹고 살아요.

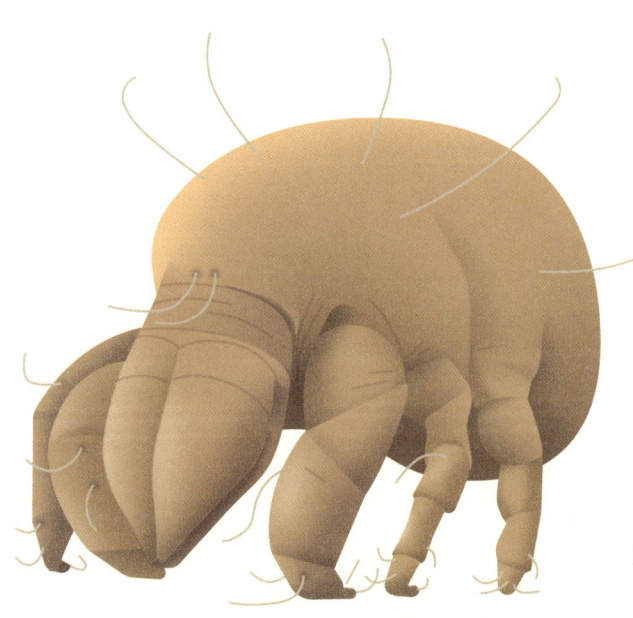

선충
많은 선충 종은 현미경으로 보아야만 보일 만큼 아주 작아요. 주로 기생충으로 살아가는 선충은 바다에서부터 우리 몸속에 이르기까지 거의 모든 곳에 살아요. 분비샘에서 분비되는 물질을 먹고 살아요.

먼지진드기
현미경으로 보아야만 보이는 이 작은 동물은 거미와 진드기와 가까운 친척이에요. 먼지진드기는 피부 조각을 먹고 살고, 소파와 카펫, 매트리스 같은 집 안의 직물 섬유 사이에서 번식해요. 먼지진드기는 물거나 질병을 옮기진 않지만, 알레르기를 일으킬 수 있어요.

완보동물 (물곰)

완보동물

움직이는 방식 때문에 '물곰'이라고도 부르는 완보동물은 북극 지방에서부터 사막과 정글, 정원에 이르기까지 지구상의 거의 모든 서식지에서 발견돼요.

완보동물은 주로 땅 위에서 살아가며, 대개는 이끼와 지의류, 양치류가 있는 곳처럼 습기가 많은 곳에서 살아요. 그러나 민물이나 바닷물에서도 살 수 있어요.

150 °C

-200 °C

완보동물은 몸길이가 0.5밀리미터 정도에 불과하고, 약 1000개의 세포로 이루어져 있어요.

극한 미생물

완보동물은 극한 미생물이에요. 다시 말해서, 극한 환경에서도 충분히 살아남을 만큼 생명력이 강해요. 완보동물은 아주 높은 압력과 영하 200°C부터 영상 150°C에 이르는 극심한 온도에서, 그리고 장기간의 탈수 환경(완보동물은 물이 없어도 10년 동안 버틸 수 있어요), 독이 널린 환경, 방사능 지역, 심지어 진공 상태의 우주 공간에서도 살아남을 수 있어요.

완보동물이 생명 유지에 필요한 활동을 하려면 온몸이 물로 둘러싸여 있어야 해요. 그러나 환경이 건조해지면, 완보동물은 일종의 휴면 상태에 들어가요. 머리와 8개의 다리를 몸속으로 집어넣고 온몸이 작은 공처럼 수축하면서 몸에서 모든 수분을 내보내 탈수 상태가 돼요. 이렇게 모든 활동을 멈추고 거의 죽은 것과 다름없는 휴면 상태로 지내는 것을 잠복 생활이라고 불러요.

완보동물은 이 상태로 수십 년 동안 지낼 수 있어요. 그러다가 환경이 변해 몸이 물속에 잠기면 되살아나 활동하기 시작해요.

우주의 카우보이

2007년, ESA(유럽우주기구)는 우주 실험 위성 포톤-M3호를 지구 궤도에 올려놓으면서 완보동물을 12일 동안 위성 표면에 노출시켰어요. 완보동물은 이 극한 환경의 우주여행에서 살아남았어요.

2011년, NASA(미국항공우주국)도 같은 실험을 했는데, 완보동물을 우주 왕복선 엔데버호 표면에 노출시켰어요. 이번에도 완보동물은 진공과 우주선(宇宙線, 우주에서 날아오는 고에너지 입자선)과 자외선을 견디고 살아남았어요.

감염

병원체는 다른 생물에게 질병을 일으키는 미생물을 말해요.

감염은 병원체가 우리 몸에 침입해 증식할 때 일어나요. 세균이나 바이러스, 균류, 원생동물 등이 감염을 일으키는 병원체가 될 수 있어요.

감염은 피부나 상처 부위처럼 우리 몸 어디에서도 시작될 수 있어요. 병원체가 신체 중 특정 부위에서만 증식하면서 일어나는 감염을 국소 감염이라고 불러요. 반면에 병원체가 몸 전체로 퍼져서 일어나는 감염은 전신 감염이라고 해요.

감염이 일어나면, 병원체가 증식하면서 질병이 생길 수 있어요. 병원체 중에는 우리 몸에 해로운 독소를 분비하는 것도 있어요.

우리 몸이 감염에 맞서 싸울 때에는 열이나 염증, 통증, 기침, 구토, 설사를 비롯해 여러 가지 증상이 나타날 수 있어요.
만약 우리의 방어 체계(◎50쪽 참고)가 충분히 강하다면, 병원체를 물리치고 감염을 치료할 수 있어요. 그러나 가끔은 외부의 도움이 필요해요. 병원체를 물리치는 데 도움을 얻기 위해 약을 먹거나 주사를 맞아야 할 때도 있어요.

감염병의 예

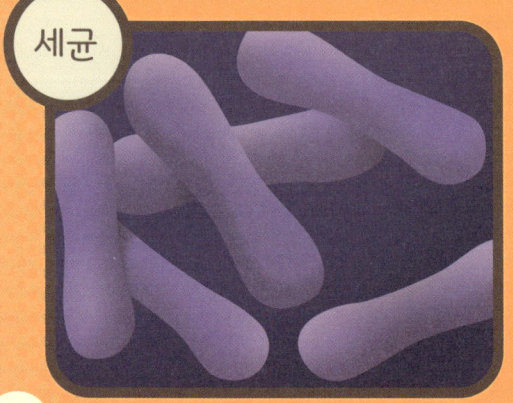

세균

디프테리아

이 심각한 질병은 디프테리아균이 분비하는 독소 때문에 생겨요. 디프테리아에 걸리면 열이 나고 목이 아프며 음식을 잘 삼킬 수 없고 호흡 곤란이 일어나요. 디프테리아는 감염 환자와 직접적 접촉을 통해 전염돼요. 오늘날에는 어려서 백신을 접종받기 때문에 디프테리아에 걸리는 사람이 거의 없어요.

바이러스

감기

틀림없이 여러분도 감기에 걸린 적이 있을 거예요. 감기는 사람에게 가장 흔한 병원체인 리노바이러스 때문에 걸려요. 백신이나 치료약은 없지만, 우리 몸의 방어 체계로 충분히 물리칠 수 있어요. 감기에 걸리지 않으려면, 손을 잘 씻고, 1회용 티슈를 쓰고, 자주 쓰는 물건들을 소독하고, 감기에 걸린 사람에게 가까이 가지 않는 게 좋아요.

루이 파스퇴르

파스퇴르(1822~1895)는 의사가 아니라 위대한 과학자예요. 그의 발견과 이론은 의학이 발전하는 데 큰 도움을 주었어요. 그래서 파스퇴르는 현대 미생물학의 개척자로 인정받고 있어요. 그는 여러 중요한 사실들을 발견했는데 그중 하나는 미생물이 많은 질병의 원인이라는 사실을 밝혀낸 것이에요.

그 당시 사람들은 미생물처럼 아주 작은 것이 동물이나 사람처럼 훨씬 크고 강한 생물을 죽일 수 있다는 주장을 우스꽝스럽게 여겼어요.

파스퇴르는 누에를 죽이는 질병의 원인을 조사하면서 여러 해를 보냈어요. 그리고 현미경의 도움으로 누에가 죽는 원인이 한 균류와 여러 세균이 알과 뽕나무 잎(누에의 먹이)을 감염시키기 때문이라는 사실을 알아냈어요. 감염된 알과 뽕나무 잎을 치우자, 누에는 더 이상 그 병에 걸리지 않았어요.

이 실험으로 파스퇴르는 감염병이 미생물 때문에 일어난다는 사실을 알아냈어요.

실크 생산은 프랑스 남부에서 아주 중요한 산업이었어요. 실크는 누에가 뱉는 실로 만들기 때문에, 누에를 병에서 구하는 것이 아주 중요했어요.

균류

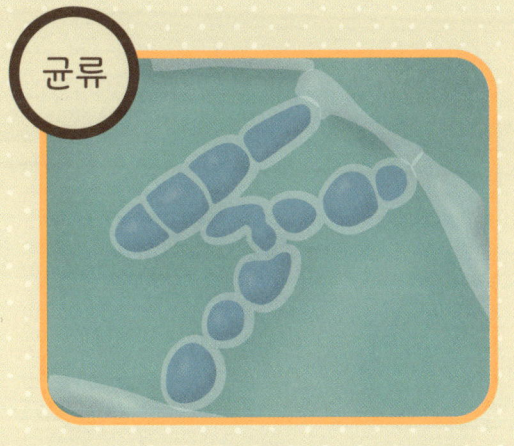

백선
백선은 피부와 털, 손발톱에 자리를 잡고 살아가는 피부 사상균이라는 균류가 일으키는 피부 감염이에요. 감염된 동물이나 사람의 피부에 직접 접촉할 때 감염되어요. 그러나 대개는 균류를 죽이는 의약품인 항진균제로 치료할 수 있어요.

원생동물

수면병
수면병은 파동편모충이라는 기생성 원생동물 집단이 일으키는 병이에요. 이 원생동물에 감염된 체체파리에게 물릴 때 전염돼요. 이 병에 걸리면 열과 두통, 관절통, 쇠약 등의 증상이 나타나요. 또, 엄청 피곤하고 계속 잠이 오며, 제때 치료하지 않으면 목숨을 잃을 수도 있어요.

손을 잘 씻자

우리는 평소에 손으로 모든 것을 만져요. 손 표면은 따뜻하고 축축하며, 미생물이 좋아하는 땀과 피부 조각이 묻어 있어, 해를 끼치든 그렇지 않든 온갖 미생물이 몰려들어요.

따라서 세균과 바이러스, 균류에 감염되는 것을 막으려면 비누와 물로 손을 잘 씻는 것이 중요해요.

이그나즈 제멜바이스 (1818~1865)

제멜바이스는 손을 잘 씻으면 목숨을 구할 수 있다는 사실을 발견한 헝가리 의사예요.

제멜바이스는 '산모들의 구세주'로 불려요. 그 당시에 동료 의사들은 그의 의견을 귀담아듣지 않았지만, 그는 산모를 다루는 의사가 손을 잘 소독하면 산모가 산욕열로 죽을 위험을 막을 수 있음을 보여 주었어요.

그러면 손은 언제 씻어야 할까요?

- 밥을 먹거나 요리를 하기 전에.
- 화장실에서 일을 본 뒤에.
- 집에서 청소한 뒤에.
- 애완동물을 포함해 동물을 만진 뒤에.
- 아픈 친구나 가족을 방문하거나 돌본 뒤에.
- 코를 풀거나 기침이나 재채기를 한 뒤에.
- 밖에 나갔다 왔을 때
  (운동이나 정원 일을 하거나 개와 산책을 하는 등의 활동 뒤에)

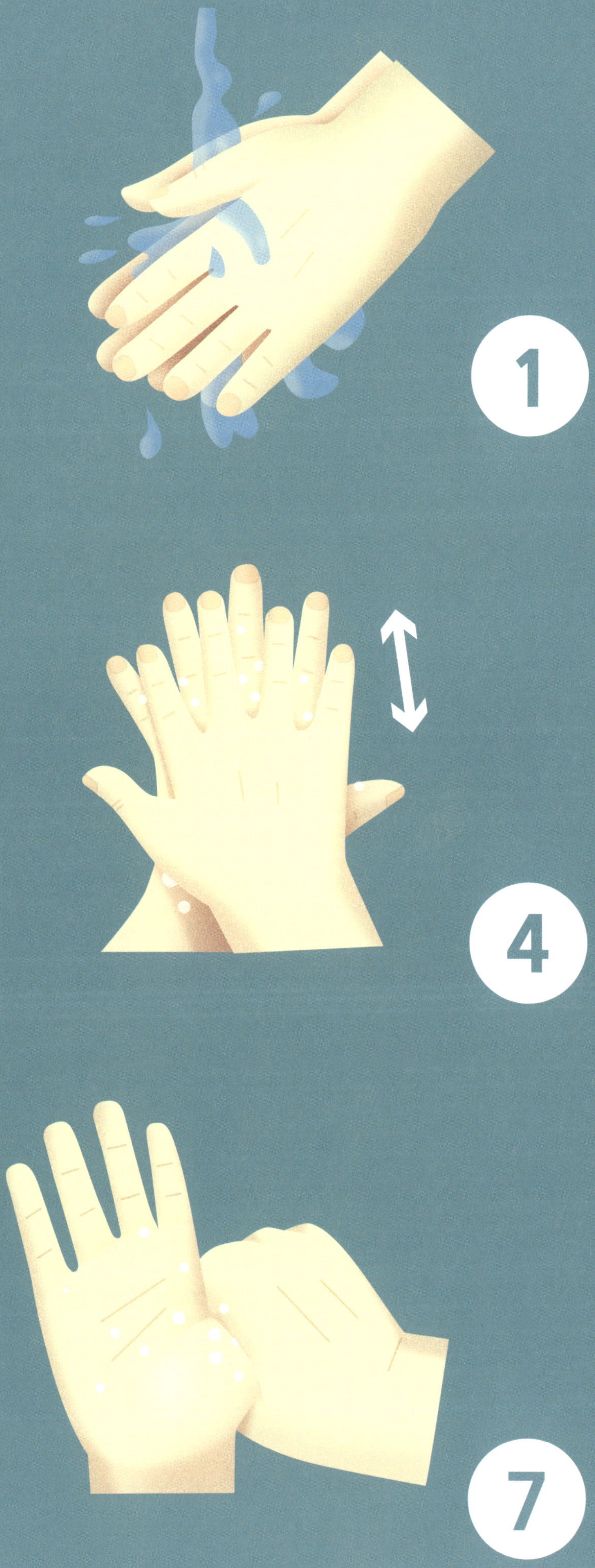

항생제

항생제는 특정 미생물을 죽이거나 성장하지 못하게 하는 '화학 물질'이에요.

항생제는 대개 세균 감염을 치료하는 의약품으로 쓰여요.

만약 우리의 방어 체계(◎50쪽 참고)가 세균 감염을 억제하지 못하거나 물리치는 데 시간이 오래 걸린다면, 회복하는 데 도움을 얻기 위해 항생제를 사용할 수 있어요.

항생제는 세균에게는 독성이 아주 강하지만, 우리 몸의 세포에는 독성이 그리 강하지 않아요. 그래서 우리 몸에는 큰 해를 입히지 않으면서 세균을 죽일 수 있어요. 의학에서 항생제를 많이 사용하는 이유는 이 때문이에요.

인류의 역사에서 병원성 세균이 일으킨 감염은 사람의 주요 사망 원인 중 하나였어요(◎60쪽 참고).

페니실린처럼 많은 항생제는 어떤 미생물이 병원성 세균으로부터 자신을 보호하기 위해 만들어 내는 물질을 이용해 개발되었어요.

항생제는 바이러스가 일으키는 감염은 치료할 수 없어요.

페니실린

페니실린은 의학에서 세균 감염을 치료하기 위해 사용된 최초의 항생제예요. 페니실린의 발견은 인류에게는 굉장한 축복이었어요. 그 덕분에 수백만 명의 목숨을 구할 수 있었어요.

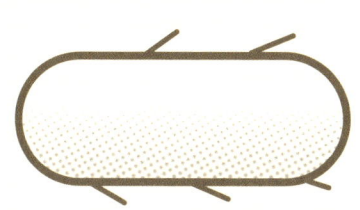 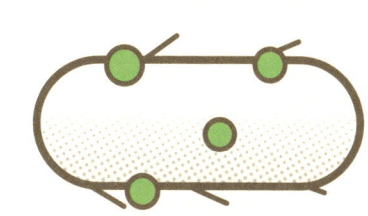 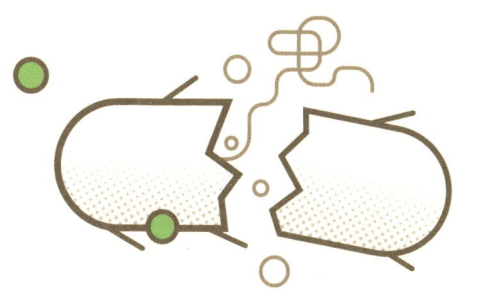

페니실린은 세균의 세포벽을 약하게 만들어 세균이 세포 속에 든 내용물을 더 이상 온전히 지킬 수 없게 만드는 방식으로 작용해요. 그러면 세균은 크게 팽창하면서 터져 죽어요.

페니실린은 1928년에 스코틀랜드 의사 알렉산더 플레밍(1881~1955)이 우연히 발견했어요. 실험실에서 세균을 연구하다가 포도상 구균이 있는 배지 하나가 오염되는 바람에 거기에 푸른곰팡이가 자랐다는 사실을 발견했어요. 플레밍은 그 배지를 그냥 버리는 대신에, 현미경으로 어떤 일이 일어났는지 살펴보았어요. 그리고 푸른곰팡이 주변에 있던 포도상 구균이 모두 죽은 것을 발견하고 깜짝 놀랐어요. 푸른곰팡이가 만들어 낸 물질이 세균을 죽였는데, 그것이 바로 오늘날 항생제로 쓰이는 페니실린이었어요.

모든 사람을 위해 항생제를 충분히 생산하려면, 페니실린을 대량으로 만들어야 했어요. 그런데 이것은 쉬운 일이 아니었어요. 먼저, 천연 페니실린을 얻기 위해 푸른곰팡이를 아주 많이 배양해야 했고, 그다음에는 푸른곰팡이에서 페니실린을 추출해야 했어요.

과학자 하워드 플로리(1898~1968)와 언스트 체인(1906~1979)이 페니실린을 항생제로 개발하는 데 크게 기여했어요. 페니실린이 세균 감염 치료에 탁월한 효과가 있음을 입증했거든요. 두 사람은 플레밍과 함께 1945년에 노벨 의학상을 공동으로 받았어요.

그러나 페니실린의 대량 생산은 1949년이 되어서야 시작됐어요. 과학자 도로시 호지킨(1910~1994)이 몇 년 동안 연구한 끝에 페니실린의 화학 구조를 발견했는데, 이 연구가 큰 도움이 되었어요. 그 덕분에 제조 방법이 크게 개선되었고, 실험실에서 페니실린을 대량으로 합성하는 것이 가능해졌어요. 그 뒤로 세균 감염을 치료하는 것이 가능해졌고, 수백만 명의 목숨을 구할 수 있었지요. 호지킨은 1964년에 노벨 화학상을 받았어요.

이 이야기에서 본 것처럼, 과학에서는 협력이 아주 중요해요.

세균의 내성

병원성 세균은 아주 교활한 침입자예요. 우리가 항생제를 사용하기 시작하자, 세균은 이에 맞서 싸우는 방법을 개발했어요.

많은 세균은 항생제의 효과를 무력화하는 전략을 찾아냈어요. 바로 항생제에 대한 내성을 발달시키는 것이에요.

그런데 세균은 어떻게 내성을 발달시킬까요?

항생제는 종류에 따라 세균을 공격하는 방식이 제각각 달라요. 그런데 일부 세균은 이런 화학적 공격을 피할 수 있는 방법을 찾아내요.

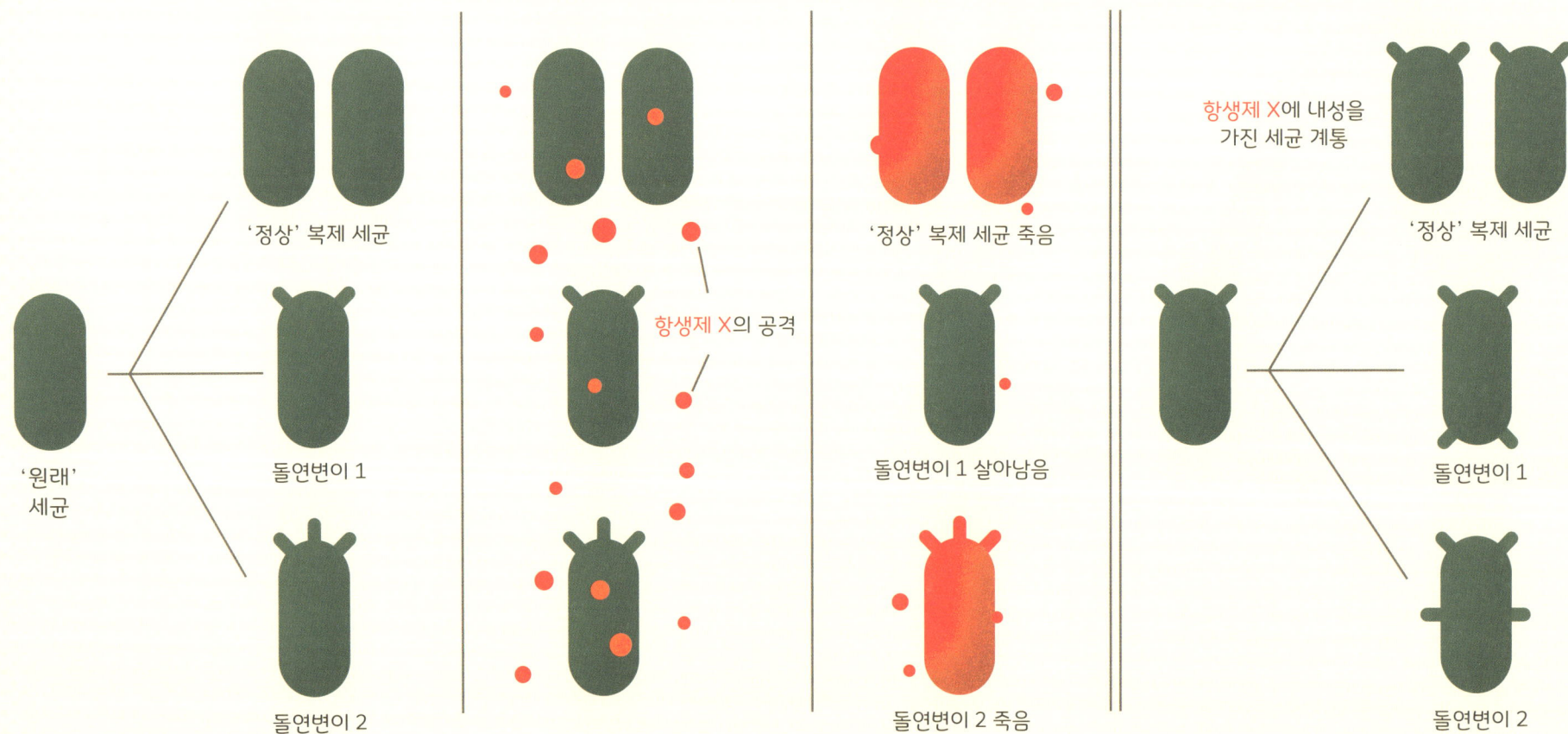

돌연변이

세균은 온종일 세포 분열을 많이 하면서 증식해요.(●18쪽 참고). 세균은 아주 단순한 세포이기 때문에, 세포 분열이 일어날 때마다 복제 과정에서 작은 오류가 생기는 경향이 있어요. 그래서 새로 생긴 세균이 앞서 존재한 세균과 조금 다를 수가 있어요. 이것을 돌연변이가 일어났다고 말해요.

자연 선택

세포 분열이 많이 일어날수록 돌연변이도 많이 일어나요. 이러한 돌연변이 중 많은 것은 아무 쓸모가 없지만, 일부는 세균에게 적대적인 환경에서 살아남을 수 있는 새 방법을 가르쳐 줄 수 있어요.

만약 우리가 항생제로 세균을 공격하면, 약한 세균은 죽고 강한 세균은 더 강해져요. 이들은 돌연변이를 사용해 항생제에 맞서 싸우는 방법을 찾아내고, 그렇게 해서 내성을 발달시켜요.

어떤 세균은 베타-락타메이스라는 물질을 만드는 방법을 찾아냈어요. 이 물질은 페니실린뿐만 아니라 페니실린과 비슷한 아목시실린 같은 항생제를 파괴할 수 있어요. 그래서 이 항생제들은 이 세균이 일으킨 감염을 치료하는 데에는 효과가 없어요.

충분히 상상할 수 있듯이, 이것은 의학계에서 아주 심각한 문제예요. 이전에는 쉽게 치료할 수 있었던 세균 감염을 치료하기가 점점 힘들어지니까요.

그래서 현재의 항생제가 효과가 없어졌을 때, 병원성 세균에 맞서 싸울 수 있도록 더 많은 항생제를 개발하려는 연구가 진행되고 있어요.

현재 사용되는 항생제는 약 200가지예요. 그러나 이것들은 하나둘씩 그 효과가 떨어지고 있어요.

사태가 더 나빠지는 것을 막고 세균의 내성 발달을 최대한 늦추려면, 무엇보다 항생제를 올바르게 사용해야 해요. 즉, 의사의 지시에 따라 정확하게 사용해야 해요.

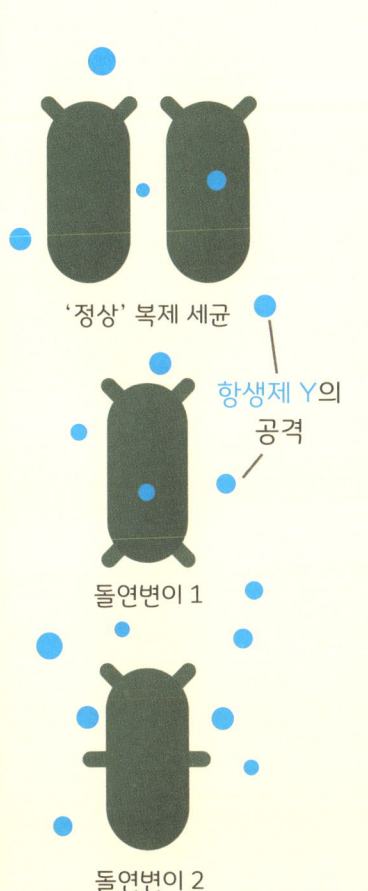

항생제 X와 항생제 Y에 내성을 가진 세균

슈퍼버그

슈퍼버그(슈퍼박테리아)는 지금까지 알려진 거의 모든 항생제에 내성을 가진 세균으로, 아주 심각한 세균 감염을 일으켜요. 슈퍼버그는 그 종류가 점점 더 늘어나는데, 일부는 내성에 관한 정보를 내성이 없는 세균에게 전달할 수 있어 훨씬 위험해요.

가축에게 항생제를 무분별하게 사용하는 것도 세균의 내성을 발달시키는 요인이에요.

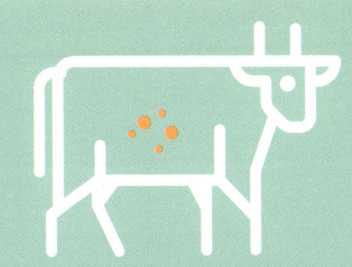

항생제는 바이러스 감염에는 아무 소용이 없다는 사실을 잊지 마세요.

전염

병원체는 감염된 동물이나 사람에게서 감염되지 않은 동물이나 사람에게 전파될 수 있어요. 병원체가 전파되는 방법은 직접적 접촉을 통한 전파, 공기를 통한 전파, 곤충을 통한 전파, 음식이나 음료수를 통한 전파 등 여러 가지가 있어요.

말라리아

말라리아는 열원충이라는 기생성 원생동물이 일으키는 병이에요. 감염된 암컷 학질모기에게 물릴 때, 그 속에 있던 열원충이 우리 몸속으로 들어와서 병을 일으켜요.

홍역

홍역은 전염성이 아주 강해요. 감염된 사람이 기침이나 재채기를 할 때 홍역 바이러스가 포함된 침방울이 공기 중에 퍼지는데, 이것을 들이마시면 전염돼요.

병원체가 몸속으로 들어오는 주요 통로

페스트

페스트는 페스트균이 옮기는 질병이에요. 페스트균은 대개 쥐 같은 작은 포유류와 거기에 붙어서 피를 빠는 쥐벼룩에 들어 있어요. 페스트는 아주 심각한 질병인데, 인류 역사에서 여러 차례 큰 유행병으로 번졌어요(◎60쪽 참고). 페스트는 아직도 몇몇 나라에서 발생해요.

페스트는 감염된 쥐벼룩에게 물리거나, 감염된 천에 몸이 닿거나, 감염된 환자의 호흡기에서 나온 분비물이 몸속에 들어올 때 전염돼요.

살모넬라증

살모넬라증은 창자에 영향을 미치는 세균 감염이에요. 살모넬라균은 보통은 사람과 동물의 창자에서 살지만, 많은 파충류의 피부에도 많이 붙어살아요. 살모넬라균은 대변을 통해 배출돼요.

사람들은 대개 오염된 물이나 음식을 통해 감염돼요.

콜레라

콜레라는 주로 콜레라균에 감염된 물을 통해 전염돼요. 콜레라는 대개 위생이 나쁜 지역에서 발생하는데, 그런 곳은 물이 감염 환자의 대변으로 오염된 경우가 많아요.

로베르트 코흐

코흐(1843~1910)는 1882년에 결핵을 일으키는 세균인 결핵균을 발견해 유명해진 독일 의사예요. 그래서 서양에서는 결핵균을 코흐 간균(간균, ◐16쪽 참고)이라고도 불러요. 코흐는 이 발견으로 1905년에 노벨 의학상을 받았어요.

결핵은 폐를 망가트리는 심각한 감염병이에요. 결핵은 감염된 사람이 기침이나 재채기를 할 때 공기 중으로 나온 세균을 통해 전파돼요. 결핵은 사람이 걸리는 병 중에서도 특히 오래된 질병으로, 결핵균은 수천 년 전부터 사람들 사이에 퍼졌던 것으로 보여요.

세계보건기구(WHO)는 2019년에 세계 인구 중 4분의 1이 결핵균에 감염되었으며 결핵이 발병할 위험이 있다고 밝혔어요. 결핵은 세상에서 가장 많은 사망자를 낳는 열 가지 질병 중 하나예요.

그래도 항생제 덕분에 결핵에 걸린 사람들은 대부분 치료되고, 결핵의 전염 속도를 늦출 수 있게 되었어요.

세계보건기구의 결핵 종식 전략은 2035년까지 결핵 유행병을 퇴치하는 것을 목표로 삼고 있어요.

코흐는 파스퇴르(◐41쪽 참고)와 함께 미생물학 중에서 세균을 연구하는 분야인 세균학을 창시한 사람으로 인정받고 있어요.

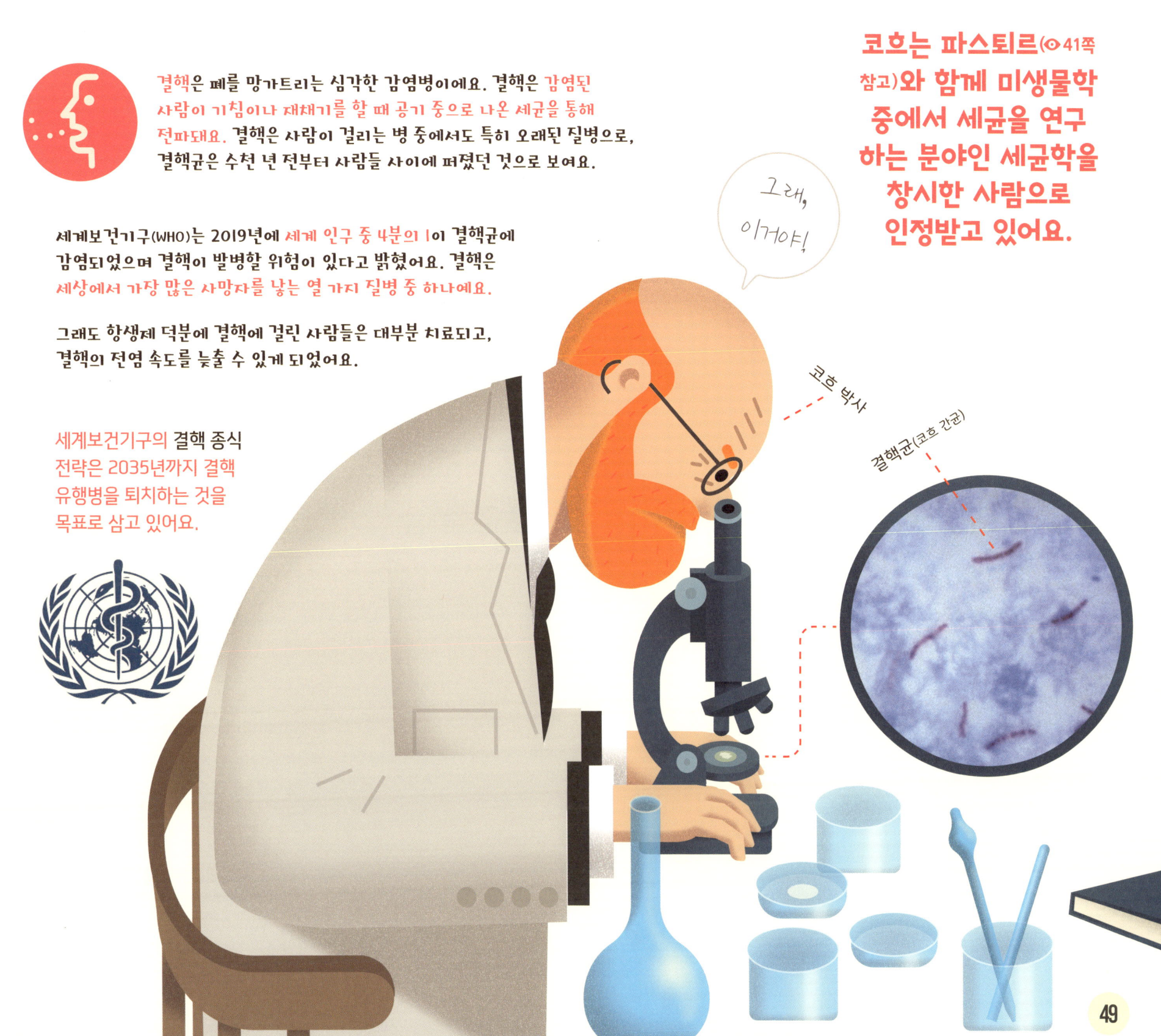

그래, 이거야!

코흐 박사
결핵균(코흐 간균)

우리 몸의 방어 체계

우리는 이 사실을 잘 모르고 살아가지만, 우리는 날마다 우리 몸에 침입한 수많은 군대와 치열한 전쟁을 벌이고 있어요. 날마다 한순간도 쉴 틈 없이 우리 몸은 세균, 바이러스, 균류, 원생동물 같은 미생물 적군의 공격을 받아요. 그러나 우리 몸에는 아주 정교한 방어 체계가 있어요. 그것은 바로 이런 침입자들에 맞서 싸우면서 우리를 보호해 주는 면역계예요.

우리 몸의 건강

바이러스

상처

몸에 상처가 생기면, 세균이 이 첫 장벽을 뚫고 침입하려고 해요. 세균이 20분마다 한 번씩 분열(◎18쪽 참고)한다면, 몇 시간 뒤에는 세균이 이 지역을 장악해 본격적인 침입을 시작할 수 있어요.

그래서 여기서 면역계가 나서서 침입을 막아야 해요.

우리의 첫 번째 방어벽은 피부예요. 피부는 벽과 같은 천연 장벽 역할을 하고, 게다가 이 장벽을 통과하려고 시도하는 침입자에게 해로운 물질을 분비해요.

백혈구 군대

우리 면역계에는 수십억 개의 백혈구로 이루어진 거대한 군대가 있어요. 이 백혈구들은 종류에 따라 각자 하는 일이 달라요.

병사들

대식세포, 과립 백혈구, 자연 살해 세포 등이 있어요. 이들은 정찰과 식균 작용(병균을 먹어치우는 것), 그리고 적을 죽이는 일을 해요.

제1 방어선

감염 지역에 맨 먼저 도착하는 군대는 대식세포예요. 대식세포는 각자 세균을 100개씩 집어삼킬 수 있어요.

더욱이 대식세포는 공격에 손상을 입은 세포들이 내는 신호를 혈관으로 보내요. 그러면 혈관이 물을 보내 그 지역에 염증이 생겨요. 염증이 생기면, 혈액을 통해 그곳으로 지원군을 보내기가 더 쉬워져요. 대식세포가 혼자 힘만으로 공격을 물리칠 때도 있어요. 그러나 만약 상황이 악화되면, 호중성 백혈구 군대에 도움을 요청해요. 호중성 백혈구 군대는 아주 공격적인 전사들이어서 무자비하게 적을 죽이면서 그 지역에도 큰 손상을 입힐 수 있어요.

적혈구

중성 백혈구

정찰 부대

수지상세포
수지상세포가 하는 일은 적을 탐지해 본부에 알림으로써 지원군을 전쟁의 최전선으로 부르는 것이에요. 또, 적을 분석할 수 있도록 적의 시체 조각을 정보부로 보내요.

제2 방어선

만약 감염으로 합병증이 생기고 침입자를 격퇴하지 못한다면, 면역 반응이라는 아주 정교한 방어 체계가 작동해요. 이것은 적의 정체를 확인하고 맞서면서 장래에 같은 침입자가 또다시 침투할 경우를 대비해 기억하는 반응이에요.

수지상세포가 전투 현장에 도착해 적의 시체 조각을 수집한 뒤, 가장 가까이 있는 본부(림프절)로 가져가요. 면역계의 정보부에 해당하는 이곳에는 T 림프구(T세포)가 있어요.

면역계의 정보부 (림프절)

일단 적의 정체를 분석하고 나면, T 림프구 중 일부는 전투 현장으로 가서 전투를 돕고, 또 다른 일부는 미래의 침입에 대비해 적을 기억하는 면역 기억 세포로 변해요. 또 다른 일부는 B 림프구를 활성화해 아주 강력한 무기인 항체를 생산하게 해요.

항체는 각각의 적에 딱 맞춰서 제작된 유도 미사일과 같아요. 항체는 적에게 들러붙어 적을 죽게 하거나 적에 '꼬리표'를 붙여 다른 면역계 세포들이 그것을 알아보고 효율적으로 처치할 수 있게 해요.

이 제2 방어선은 침입자를 죽이거나 약화시키는 수백만의 항체와 함께 전투 현장에 도착해 방어 노력을 지원해요. 죽는 세균이 점점 더 많아지다가 마침내 침입자가 모두 사라지면, 감염이 치료되지요.

정보부
T 림프구는 적에 관한 자세한 정보를 모든 세포에 전달하고, 공격을 통합 조정해 필요한 지시를 내리고, 무기 생산에 관한 지시도 내려요.

무기 공장
B 림프구는 항체를 생산해요.

면역 기억 세포

앞에서 보았듯이, 어떤 병원체(예컨대 바이러스)가 위험한 감염을 처음 일으켰을 때, 면역계는 우리 몸을 지키기 위해 T 림프구와 B 림프구를 만들어요. 이것들은 이 특정 침입자에게 맞서 싸우는 데 최적화된 세포들이에요.

병원체가 우리 몸에 침입하면서 전투가 시작됩니다.

만약 감염이 계속되면, 면역계가 림프구를 만듭니다.

림프구는 적을 분석해 그에 대항하는 항체를 만듭니다.

면역계가 전투 현장에 항체를 보내 침입자를 격퇴합니다.

우리 몸이 림프구를 만드는 데에는 며칠이 걸려요. 그래서 우리는 첫 번째 감염에서 회복해 낫는 데 며칠 또는 몇 주일이 걸릴 수 있어요.

그다음에는 어떻게 될까요?

면역계는 감염에 맞서 싸우는 한편으로 아주 천재적인 대비책도 준비해요. 그것은 바로 면역 기억 세포를 만드는 것이에요. 침입자(이 경우에는 특정 바이러스)를 기억하는 면역 기억 세포는 침입자가 다시 나타나면, T 림프구와 B 림프구를 신속하게 생산하여 침입자를 제거해요. 감염이 완전히 사라진 뒤에도 이 세포들은 사라지지 않아요. 이 세포들은 우리 몸속을 돌아다니며 '알려진' 적이 또다시 침입하지 않았는지 순찰해요.

이들은 바로 동원될 수 있는 아주 효율적인 정보부 역할을 해요. 즉, 똑같은 바이러스에 새로 감염되면, 면역 기억 세포가 즉각 그것을 알아채고 신속하게 강한 면역 반응을 일으켜요. 그 바이러스에 대항하는 항체가 금방 만들어지고, 면역계의 세포들에게 공격 명령도 곧바로 떨어져요. 그래서 우리가 알아채지도 못하는 사이에 감염은 격퇴되고 바이러스가 제거되죠.

어떤 병원체에 대항하는 면역 기억 세포가 있을 때, 우리는 이 병원체에 대한 **면역이 생겼다고** 말해요. 그래서 그 병원체가 몸속에 들어오더라도 우리는 병에 걸리지 않아요.

🕐 우리가 감염을 물리치면, 대개 그 병에 대한 면역이 생겨요. 때로는 홍역 바이러스처럼 면역력이 평생 지속하기도 하지만, 대개는 한동안만(몇 달이나 몇 년) 지속해요. 예를 들면, 인플루엔자 바이러스는 해가 지날 때마다 조금씩 변하기 때문에, 면역 기억 세포가 새로운 인플루엔자 바이러스를 알아보지 못할 수 있어요.

살아가면서 많은 종류의 감염병을 물리침에 따라 우리 면역계는 걸렸던 질병의 면역 기억 세포가 쌓이면서 점점 더 강해져요.

우리가 어릴 때 자주 병에 걸리는 이유는 아직 면역 기억 세포가 충분히 많이 생기지 않았기 때문이에요.

그런데 우리가 한 번도 만난 적이 없는 병원체에 대항하는 면역 기억 세포를 만드는 방법은 없을까요? 바이러스와 세균에 맞서 싸우는 것은 위험한데, 특히 '병독성'이 강한 미생물과 맞서 싸우는 것은 더욱 위험해요.

위험한 병원체와 싸울 필요 없이 면역을 얻는 방법은 없을까요? 물론 있어요! 그 방법은 바로 이거예요.

백신 접종

백신

백신은 우리가 감염병에 걸리지 않고도 우리 몸을 속여 그 병에 대항하는 면역 기억 세포를 만들게 하는 현명한 방법이에요.

앞에서 보았듯이, 면역계는 죽은 미생물 조각을 분석해 특정 항체를 만듦으로써 우리가 감염되지 않도록 보호해요. 이 정보는 면역계의 면역 기억 세포에 저장되고, 면역 기억 세포들은 일종의 '기록 보관소'가 되어, 침입자가 들어왔을 때 그 정체를 즉각 파악해 곧바로 공격하게 하지요.

백신이 바로 이런 일을 해요. 백신은 죽거나 약해진 미생물(대개 세균이나 바이러스)로 만든 약물이에요. 그래서 우리 면역계는 감염 위험 없이 이 병원체를 분석해 그 정보를 얻고 기억해 두었다가, 미래의 감염에 대비할 수 있어요.

그러려면 반쯤 죽은 병원체나 병원체 조각으로 만든 백신을 우리 몸속에 집어넣어야 해요. 아주 약해진 병원체는 우리 몸에 해를 끼칠 수 없고, 우리 면역계는 이들을 손쉽게 물리치면서 항체를 생산하는 면역 기억 세포를 만들 수 있어요.

그래서 나중에 똑같은 병원체가 몸속에 들어와 우리를 감염시키려고 하더라도, 우리 몸은 이미 그 감염을 손쉽게 물리칠 준비가 되어 있어요. 우리는 이 병에 걸리지 않고도 면역을 얻게 된 것이지요.

세계 최초의 백신

18세기 후반에 영국 의사 에드워드 제너는 소젖을 짜는 여자들은 천연두에 걸리지 않는다는 사실에 주목했어요. 그 당시 천연두는 사람의 목숨을 앗아 가는 치명적인 질병 중 하나였어요(◎59쪽 참고).

"나는 우두를 앓았기 때문에 절대로 천연두에 걸리지 않을 거예요." 제너는 소젖을 짜는 여성에게서 우연히 이런 말을 들었어요.

소젖을 짜는 여성은 천연두 바이러스보다 덜 치명적인 우두 바이러스에 감염돼 우두를 앓은 적이 있었는데, 그 덕분에 천연두에도 면역력을 갖게 되었어요. 그들의 몸은 우두 바이러스에 대항하는 법을 기억했고, 그래서 우두 바이러스와 비슷한 천연두 바이러스의 공격도 막아 낼 수 있었어요.

1796년 5월 14일, 제너는 우두 바이러스가 든 액체를 여덟 살 소년이던 제임스 핍스에게 주사했어요. 그러고 나서 천연두 바이러스가 든 액체도 주사했지만, 제임스는 천연두에 걸리지 않았어요. 천연두에 대한 면역이 생겼기 때문이에요.

'백신(vaccine)'이라는 단어는 '암소'를 뜻하는 라틴어 '바카(vacca)'에서 유래했어요.

지금은 홍역, 유행성 이하선염(볼거리), 수두, A형 간염과 B형 간염, 독감, 광견병, 디프테리아, 파상풍, 백일해, 황열병, 콜레라, 소아마비 등 많은 감염병을 막을 수 있는 백신이 있어요.

인류는 지금까지 감염병, 그중에서도 특히 세균과 바이러스가 일으키는 감염병으로 수천만 명 이상이 목숨을 잃었어요. 이제 백신 덕분에 수많은 사람의 생명을 살릴 수 있게 되었어요.

그러나 에이즈처럼 아직 백신이 없는 감염병도 많아요. 그래서 과학자들은 이런 질병들을 예방하는 백신을 개발하려고 지금도 계속 노력하고 있어요.

유행병

누군가에게 말하지 않으면 입이 근질거릴 만큼 아주 흥미로운 소문을 들었다고 상상해 보세요.
여러분은 뒤에서 남의 이야기를 하는 걸 좋아하진 않지만, 그래도 가장 친한 친구 딱 한 명에게만 말하기로 했어요.

다음 날, 그 친구도 똑같이 다른 사람에게 그 소문을 이야기했어요.

만약 그 소문을 들은 사람들이 모두 다 똑같이 행동한다면, 그 소문은 계속 퍼져 나갈 거예요.
그러나 아주 빨리 퍼져 나가지는 않을 텐데, 한 달이 지나도 30명만 그 소문을 듣게 될 거예요.

그런데 만약 친구 한 명이 아니라 두 명에게 소문을 퍼트리면 어떻게 될까요? 그래도 금방 아주 많은 사람에게 전달되지는 않을 것 같은데, 과연 그럴까요? 첫째 날에는 1명이 알고, 둘째 날에는 3명, 셋째 날에는 7명…

이런 식으로 소문이 한 달 동안 퍼져 나가면, 10억 명 이상이 그 소문을 듣게 되지요. 정확하게는 10억 7374만 1823명이에요.

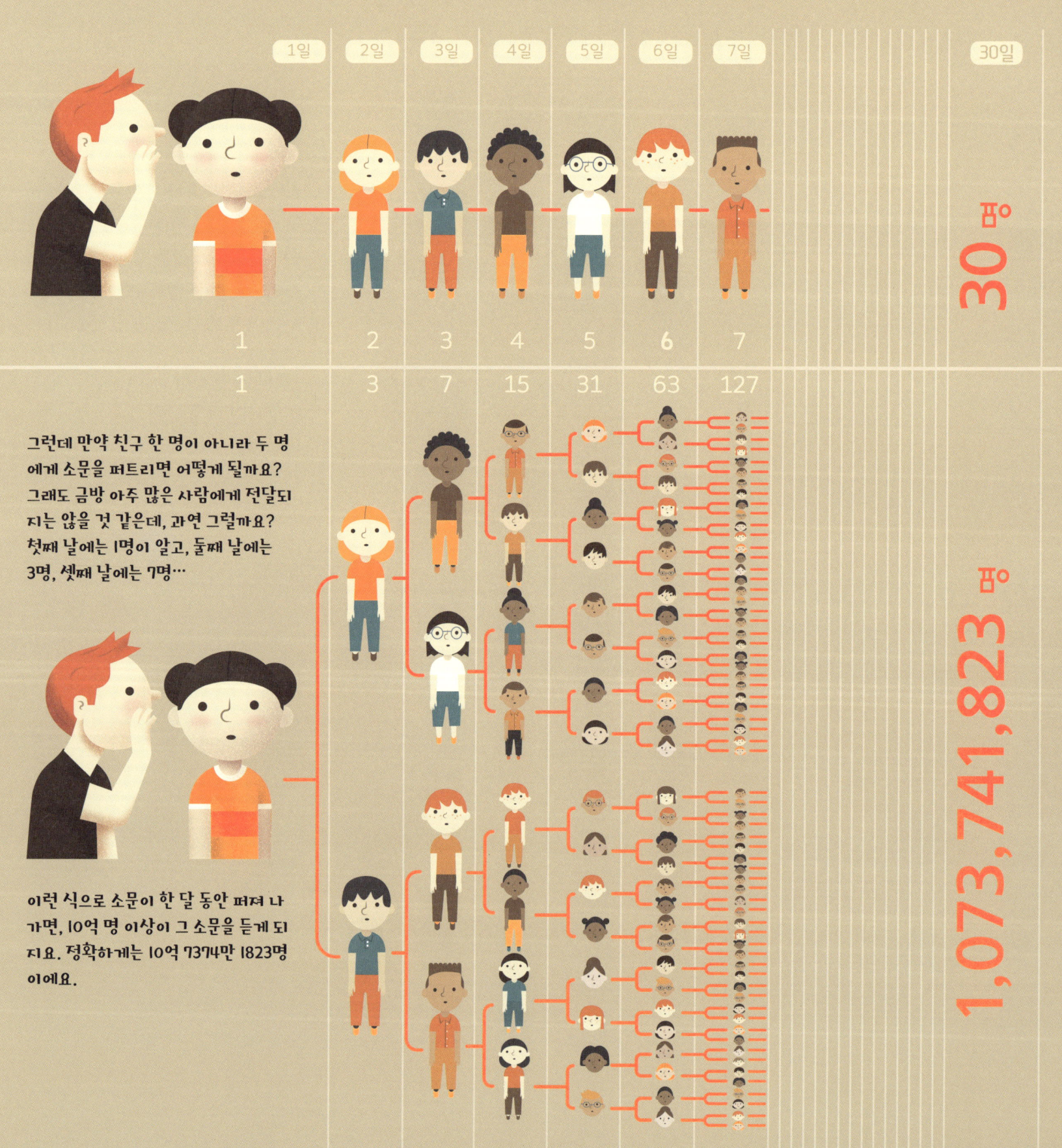

1일 2일 3일 4일 5일 6일 7일 … 30일

30명

1 3 7 15 31 63 127

1,073,741,823명

전염성이 낮음 ↑

감염병(세균이나 바이러스 같은 병원체가 일으키는 병)의 전파도 소문이 퍼지는 것과 비슷해요. 질병에 따라 한 사람이 한 명이나 여러 명에게 병을 옮길 수 있어요.

$R_0=1$ — 만약 어떤 질병의 $R_0=1$이라면, 그 병에 걸린 사람이 모두 다른 사람 딱 한 명에게만 병을 전파한다는 뜻이에요. 따라서 이 병은 그리 빨리 퍼지지 않아요. 첫 환자가 한 명일 때, 한 달 뒤에 그 병에 걸린 사람은 30명뿐이에요. 이럴 때 그 확산 양상은 선형적(그 그래프의 모양에서 딴 이름)이라고 이야기해요.

유행병은 일정 기간에 어떤 질병이 인구 집단 내에서 보통 수준보다 더 많은 사람을 감염시킬 때 발생해요.

R_0를 기초 감염 재생산 지수라고 하는데, 감염된 환자 한 명이 평균적으로 새로 감염시키는 사람의 수를 말해요.

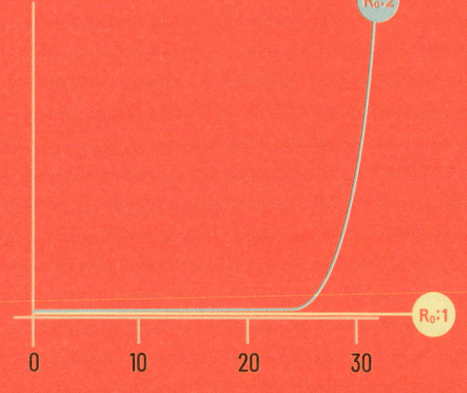

유행병은 대개 도시나 어느 지역이나 나라처럼 특정 지리적 공간에서 발생해요. 유행병이 여러 대륙이나 전 세계로 널리 퍼지면 이때는 팬데믹(pandemic) 또는 범유행병이라고 불러요.

$R_0=2$ — 반면에 어떤 질병의 $R_0=2$라면, 그 병은 아주 빨리 퍼져요. 한 달 뒤에는 10억 명 넘게 감염될 거예요. 이 경우에 이 질병은 기하급수적으로 확산해요.

어떤 인구 집단 내에서 발생한 감염병의 R_0 값이 클수록 그 병은 **유행병**으로 확산할 가능성이 더 크고 억제하기도 더 어려워요.

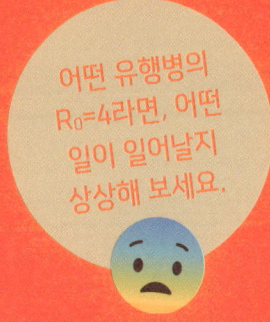

어떤 유행병의 $R_0=4$라면, 어떤 일이 일어날지 상상해 보세요.

↓ 전염성이 높음

우리 모두를 보호하는 백신

 감염자    백신 접종자    비감염자

리나가 $R_0=2$인 인플루엔자 바이러스에 감염되었다고 상상해 보세요. 앞에서 보았듯이, 이것은 큰 재앙이 될 수 있어요. 짧은 기간에 많은 사람이 감염되면서 독감이 유행병으로 번질 수 있기 때문이에요.

이상적으로는 질병의 R_0 값이 1이거나 그보다 작은 것이 좋아요. 다시 말해서, 감염자 한 명이 그 병을 옮기는 사람의 수가 1명을 넘지 않아야 해요.

백신은 사람들에게 면역을 제공해 감염을 막아 주기 때문에 R_0 값을 낮추는 데 도움을 주어요. 예를 들어 살펴볼까요?

따라서 만약 전체 인구 중 절반만 백신 접종을 한다면, 독감 바이러스의 R_0 값을 2에서 1로 낮추어, 확산 속도를 기하급수적인 것에서 선형적인 것으로 바꿀 수 있어요.

$R_0=2$

만약 사람들이 백신 접종을 받지 않은 상태에서 리나가 10명과 접촉한다면, 그중 2명을 감염시킬 거예요. 그 2명은 각자 다시 2명을 감염시키고, 이들은 다시 각자 2명을 감염시킬 거예요. 이런 식으로 독감은 유행병으로 번져요.

집단 면역

이제 독감 바이러스는 사람들을 감염시키기 더 어려워지고 느리게 확산하기 때문에 유행병으로 발달하기가 어려워요.

비록 전체 인구 중 나머지 절반은 이 바이러스에 대한 면역력이 없지만, 이미 백신 접종을 받은 사람들 덕분에 감염 위험이 크게 낮아져요. 이런 상태를 집단 면역에 도달했다고 이야기해요.

물론 전체 인구 중 백신 접종을 받은 사람이 많을수록 집단 면역의 효과는 더 커져요.
감염병에 걸렸다가 나은 사람도 면역력을 지니게 되어 집단 면역에 도움을 주어요.

$R_0=1$

그러나 10명 가운데 5명이 백신 접종을 받았다면, 이들은 이 바이러스에 면역력이 있어 독감에 걸리지 않아요. 이제 리나는 단 1명만 감염시킬 수 있어요.

박멸된 질병

백신 덕분에 우리는 집단 면역보다 훨씬 좋은 결과를 얻기도 해요. 즉, 일부 질병을 박멸하기도 하는데, 이것은 그 질병이 지구에서 완전히 사라졌다는 뜻이에요. 대표적인 예가 바로 천연두예요.

천연두

두창 바이러스가 일으키는 천연두는 아주 심각한 전염병이에요. 인류 역사에서는 약 1만 2000년 전에 처음 나타났는데, 10명 중 3명이 죽을 정도로 치명률이 아주 높고 감염 재생산 지수가 5나 될 정도로 전염성도 아주 높아요. 😰😰😰😰😰

천연두는 엄청나게 많은 인명을 앗아 간 질병이에요. 지금까지 천연두에 감염되어 죽은 사람은 수억 명이나 돼요.

그런데 20세기 중엽부터 시작된 백신 접종 캠페인, 천연두에 관련된 정보 공유, 그리고 예방 노력 덕분에 천연두를 완전히 고립시켜 박멸할 수 있었어요. 자연적인 천연두 발병 사례가 보고된 것은 1977년이 마지막이에요. 1980년, 세계보건기구는 천연두가 완전히 사라졌다고 공식적으로 선언했어요.

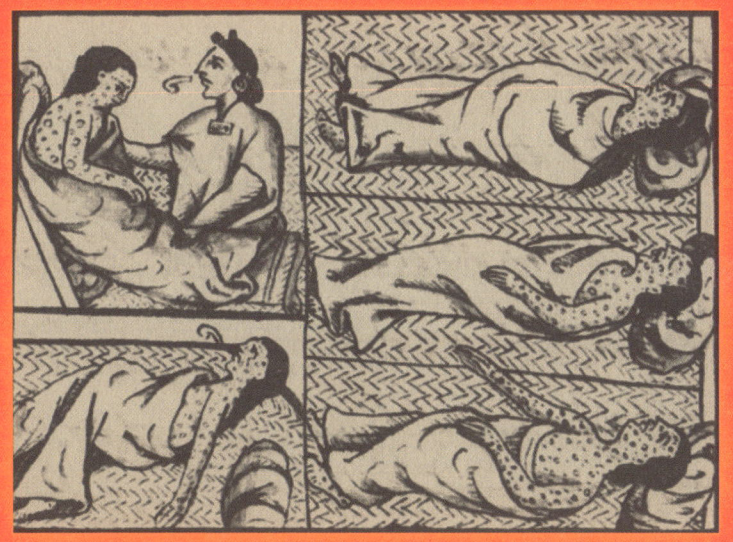

스페인을 비롯한 유럽의 정복자들이 옮긴 천연두는 1492년부터 아메리카 대륙에서 인구를 급감시킨 대재앙의 가장 큰 원인이었어요.

역사에 기록된 대유행병과 팬데믹

유행병은 전염병이 어느 인구 집단에서 급속히 확산하면서 짧은 시간에 많은 사람을 감염시킬 때 일어나요. 유행병이 아주 넓은 지역으로(예컨대 여러 대륙으로) 널리 퍼지면 **팬데믹**이 되지요.

이 병이 전파되는 한 가지 방법은 감염된 쥐벼룩에 물리는 것이에요. 쥐벼룩은 쥐의 몸에 붙어살고, 쥐는 주로 상선을 타고 돌아다녔어요. 그래서 항구들이 감염의 주요 중심지였어요.

유스티니아누스 역병
(541~750)

유스티니아누스 역병은 541년부터 543년 사이에 비잔틴 제국을 휩쓴 페스트(흑사병)였어요. 그러고 나서도 750년까지 여러 차례 유행병으로 크게 번졌는데, 아프리카와 아시아, 유럽까지 퍼졌어요. 이 병으로 약 **2500만 명에서 5000만 명**이 사망한 것으로 추정해요.

안토니우스 역병
(165~180)

500만

안토니우스 역병 또는 갈레노스 역병(이 병을 기록한 의사의 이름에서 딴 이름)은 로마 제국 전역에 퍼진 팬데믹이에요. 그 정체는 천연두나 홍역으로 추정해요. 전체 세계 인구의 10%에 해당하는 **500만여 명**이 사망했어요.

페스트 환자를 치료한 의사들은 이런 복장을 하고 다녔어요. 부리 모양의 마스크 안에는 향이 강한 허브가 들어 있었는데, 들이마시는 공기를 여과하기 위해서였어요. 그 당시 사람들은 페스트 병균이 공기 중에 '떠다닌다고' 믿었거든요.

2500만 ~5000만

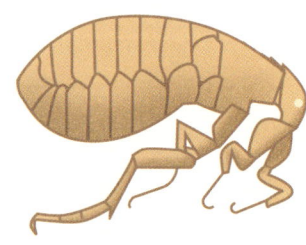

페스트균을 옮기는 쥐벼룩. 쥐벼룩에게 물리면, 페스트균이 몸속에 들어오기 때문에 페스트에 걸려요.

흑사병
(14세기)

흑사병(페스트)은 인류 역사를 통틀어 보기 드물게 많은 희생자를 낳은 유행병 중 하나예요. 흑사병은 14세기에 아시아와 유럽에서 창궐했는데, 1347~1353년에 최고조에 이르렀어요. 흑사병은 아시아에서 시작되어 교역로를 따라 유럽으로 전파된 것으로 보여요. 특히 유럽에서 큰 재앙을 불러일으켰는데, 그 당시 유럽 전체 인구 중 **3분의 1**이 흑사병으로 죽었어요.

2500만 ~5000만

아메리카 대륙을 무너뜨린 대재앙 (1492)

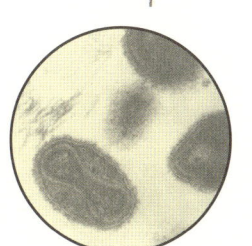

유럽인 정복자들은 아메리카 원주민에게 면역력이 전혀 없던 질병을 아메리카로 많이 가져왔어요. 천연두와 홍역, 매독은 무기보다 더 치명적이었어요. 콜럼버스가 도착하고 나서 아메리카 대륙의 전체 인구 중 95%가 사망한 것으로 추정해요.

1200만 ~1500만

콜레라 (1817~1896)

콜레라균

최초의 콜레라 팬데믹은 1817년에 인도 콜카타(옛 이름은 캘커타)에서 시작해 인도 전역으로 확산했고, 그다음에는 전 세계로 퍼져 나갔어요. 물속의 콜레라균을 통해 전염되는 콜레라는 그 뒤에도 여러 차례 크게 유행병으로 되살아나면서 전 세계에서 많은 사람의 목숨을 앗아 갔어요.

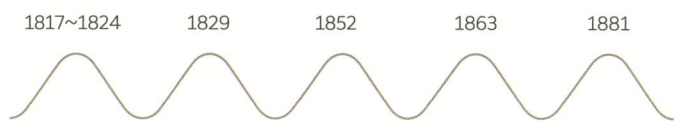

1817~1824 1829 1852 1863 1881

1000만

세계보건기구에 따르면, 해마다 2만 1000~14만 3000명이 콜레라로 목숨을 잃는다고 해요.

스페인 독감 (1918~1920)

A형 인플루엔자(H1N1) 바이러스

아직 제1차 세계대전이 끝나지 않았을 때 이 독감이 전 세계로 퍼져 갔어요. 스페인 독감은 그 이름과 달리 스페인이 아니라 미국에서 시작되었어요. 스페인 독감은 역사상 가장 치명적인 팬데믹으로 손꼽혀요. 1918년부터 1919년까지 불과 2년 만에 약 4000만 명이 죽었는데, 이는 전쟁으로 죽은 사람보다 더 많았어요. 스페인 독감은 계절 독감과 달리 희생자 중 대부분이 젊은 사람들이었어요. 가장 이상한(그리고 가장 불가사의한) 것은 이 바이러스가 2년 전에 나타났던 때처럼 순식간에 흔적도 없이 싹 사라졌다는 사실이에요.

4000만

> 인플루엔자 바이러스의 돌연변이는 심각한 팬데믹을 불러일으켜요. 계절 독감도 해마다 수만 명의 사망자를 낳는데, 특히 노인과 어린이 같은 취약한 인구 집단에서 사망자가 많이 나와요.

사스 (중증 급성 호흡기 증후군, 2002~2003)
· 774

A형 인플루엔자 바이러스 (2010)
● 28만 5000

메르스 (중동 호흡기 증후군, 2012)
· 858

에볼라 (2014~2016)
· 1만 1323

말라리아 (2019년 한 해)
● 40만 9000

코로나19 (2020~2022.9)
● 654만 명
(계속 늘어나는 중)

홍역 (◉48쪽 참고)

파라믹소바이러스

홍역은 이전에는 인류에게 치명적인 질병 중 하나였어요. 지금까지 홍역으로 죽은 사람이 2억 명이 넘어요. 세계보건기구는 2000년부터 2017년까지 백신 접종 덕분에 2100만 명의 죽음을 막을 수 있었다고 추정해요.

2억

천연두 (◉59쪽 참고)

두창 바이러스

천연두는 역사상 가장 치명적인 질병이에요. 18세기에 유럽에서는 해마다 천연두로 약 40만 명이 사망한 것으로 추정하는데, 살아남은 사람 중 3분의 1은 눈이 멀었어요. 지난 100년 동안에 천연두로 죽은 사람만 해도 약 3억 명이나 돼요. 그러나 백신 접종 덕분에 천연두는 지구에서 완전히 사라졌어요.

5억

아시아 독감
(1957~1958)
A형 인플루엔자 (H3N2) 바이러스
● 100만

홍콩 독감
(1969)
A형 인플루엔자 (H2N2) 바이러스
● 100만

러시아 독감
(1889~1890)
A형 인플루엔자 (H3N8) 바이러스
● 100만

에이즈 (후천 면역 결핍 증후군)

사람 면역 결핍 바이러스

이 바이러스는 감염된 사람의 면역계를 공격해 다른 질병의 공격에 무방비 상태로 놓이게 만들어요.

3200만

지금까지 지구에서 살았던 사람은 몇 명이나 될까?

지금까지 지구에서 살았던 사람이 얼마나 되는지 궁금했던 적이 없나요?
인류 역사를 통틀어 이 세상에 살았던 사람을 모두 합치면 몇 명이나 될까요?

기대 수명과 사망률

고대에 그리스나 중동에서 태어난 사람의 **기대 수명은 약 30년**이었어요. 이것은 모든 사람이 서른 살 무렵에 죽었다는 뜻이 아니에요. 소수이지만 어떤 사람들은 이보다 훨씬 오래 살았어요. 그러나 대부분은 질병과 영양실조, 전쟁, 사고 등으로 더 일찍 죽었어요. 여성은 대개 아이를 5~6명씩 낳아 출산율은 높았지만, 태어난 아이들 중 절반은 만 다섯 살을 넘기지 못하고 죽었어요. 이런 이유들 때문에 인구는 그다지 증가하지 않았어요.

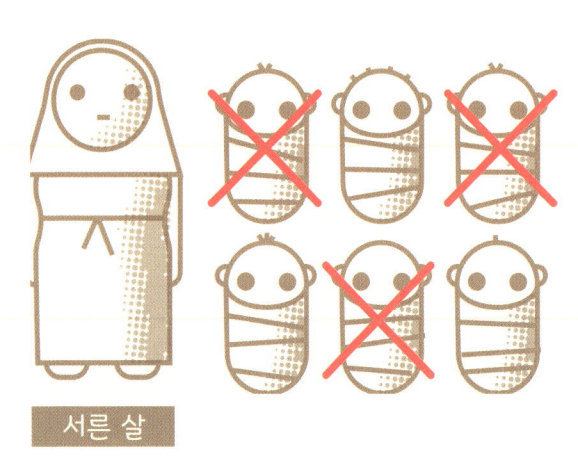
서른 살

서기 1년부터 18세기 중엽까지 세계 인구는 느리게 증가했어요. 그 당시에 태어나는 사람은 지금보다 약 4배나 많았지만, 세계 인구는 1750년 동안 겨우 두 배 정도 증가하는 데 그쳤어요.

주로 감염병으로, 그리고 그와 함께 전쟁과 기아로 많은 사람이 죽는 바람에 세계 인구는 크게 증가하지 않았어요.

예를 들면, 흑사병은 인류가 경험한 가장 파괴적인 팬데믹이라 할 수 있는데, 14세기 중엽에 전체 유럽 인구 중 3분의 1이 흑사병으로 죽었어요.(◉60쪽 참고).

과학자들은 호모 사피엔스라는 종이 지구에 나타난 시기가 약 20만 년 전이라고 추측해요. 약 1만 년 전에 우리가 농사짓는 법을 터득하고 작은 무리를 지어 정착 생활을 시작했을 때, 세계 인구는 약 500만 명이었어요.

그때부터 서기 1년까지 세계 인구는 3억 명으로 증가했어요.

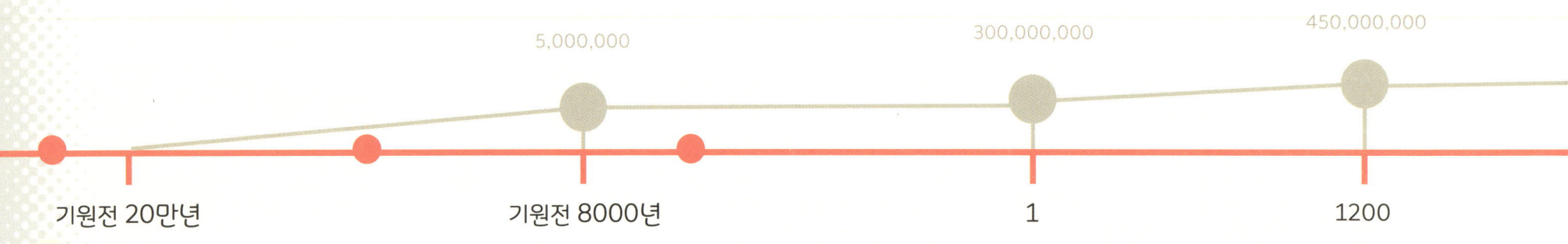

인류 역사를 통틀어 지구에 살았던 사람은 약 1090억 명으로 추정해요. 지금 세계 인구는 약 77억 명이므로, 현재 살아 있는 사람의 수는 지금까지 지구에서 살았던 사람들을 다 합한 것의 7%에 불과해요.

인구가 크게 증가한 이유는 의학과 위생의 발전 때문이에요. 그 덕분에 사망률이 줄어들고 기대 수명이 크게 늘었거든요.

19세기부터 위생 개선과 백신 발견, 의학 발전, 건강한 식단 등 여러 가지 요인이 결합해 세계 인구가 아주 빠르게 증가했어요. 불과 250년 만에 세계 인구는 7억 9500만 명에서 그 10배 이상인 77억 명으로 증가했으니까요.

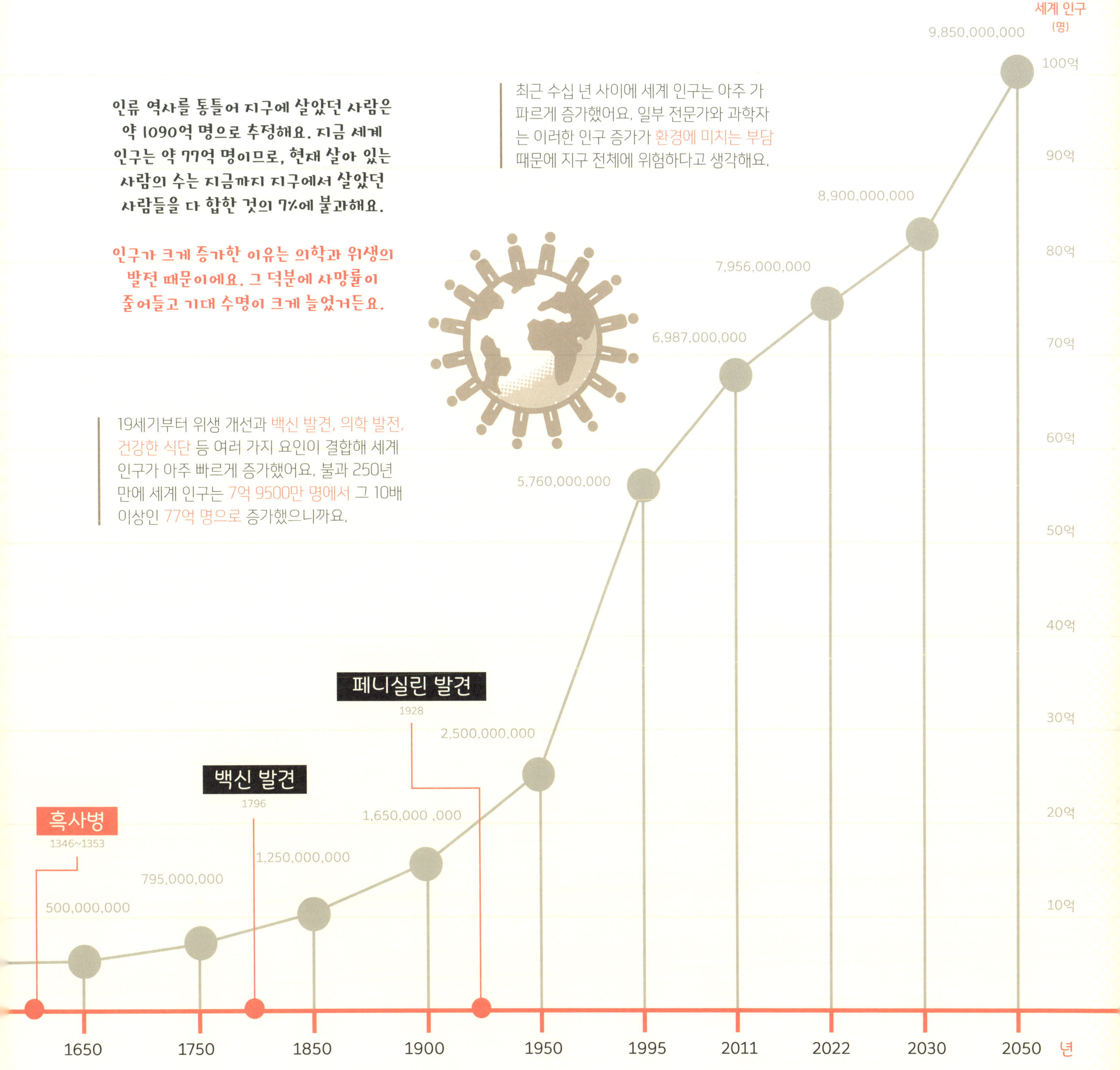

최근 수십 년 사이에 세계 인구는 아주 가파르게 증가했어요. 일부 전문가와 과학자는 이러한 인구 증가가 환경에 미치는 부담 때문에 지구 전체에 위험하다고 생각해요.

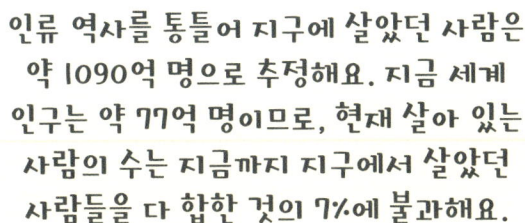

세계 인구 (명)

- 1650: 500,000,000
- 1750: 795,000,000
- 1850: 1,250,000,000
- 1900: 1,650,000,000
- 1950: 2,500,000,000
- 1995: 5,760,000,000
- 2011: 6,987,000,000
- 2022: 7,956,000,000
- 2030: 8,900,000,000
- 2050: 9,850,000,000

흑사병 1346~1353

백신 발견 1796

페니실린 발견 1928

코로나19

코로나바이러스(CoV)는 감기에서부터 코로나19처럼 더 심각한 질병에 이르기까지 다양한 질병의 원인이 되는 여러 종류의 바이러스 집단을 가리켜요. 그중에서 코로나19는 이전에 사람에게서 발견된 적이 없는 새로운 코로나바이러스인 SARS-CoV-2(제2형 중증 급성 호흡기 증후군 코로나바이러스) 때문에 발생해요.

코로나19는 인수 감염 질병(인간과 다른 동물 종에 공통으로 발생하는 감염병)으로 보여요. 즉, 다른 동물 종(박쥐나 천산갑)에게 발생하던 질병이 사람에게 옮아 왔다는 말이에요.

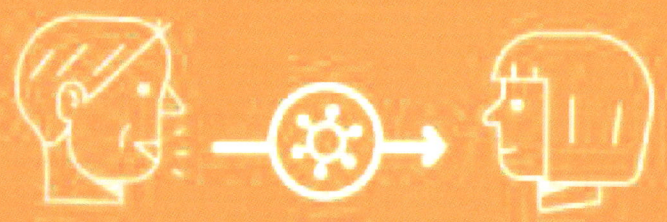

코로나19는 전염성이 아주 강하고, 주로 공기를 통해 퍼져요. 즉, 감염된 사람이 숨을 쉬거나 말을 하거나 기침을 할 때 나온 비말(작은 물방울)이 공기 중에 떠다니는데, 그것을 들이마시면 코로나19에 감염될 수 있어요. 그래서 마스크를 잘 쓰는 게 무엇보다 중요해요.

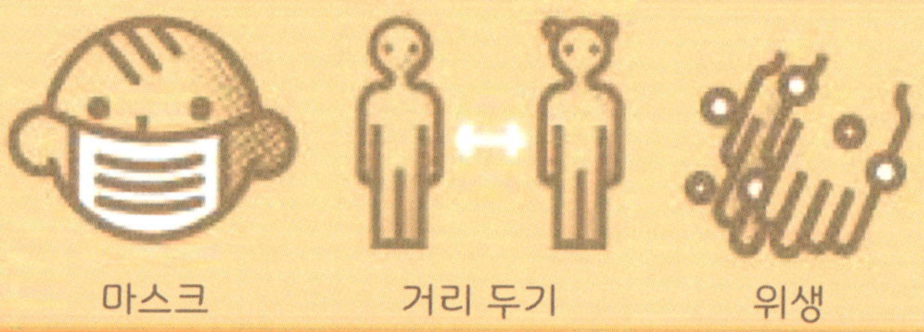

- 마스크
- 거리 두기
- 위생

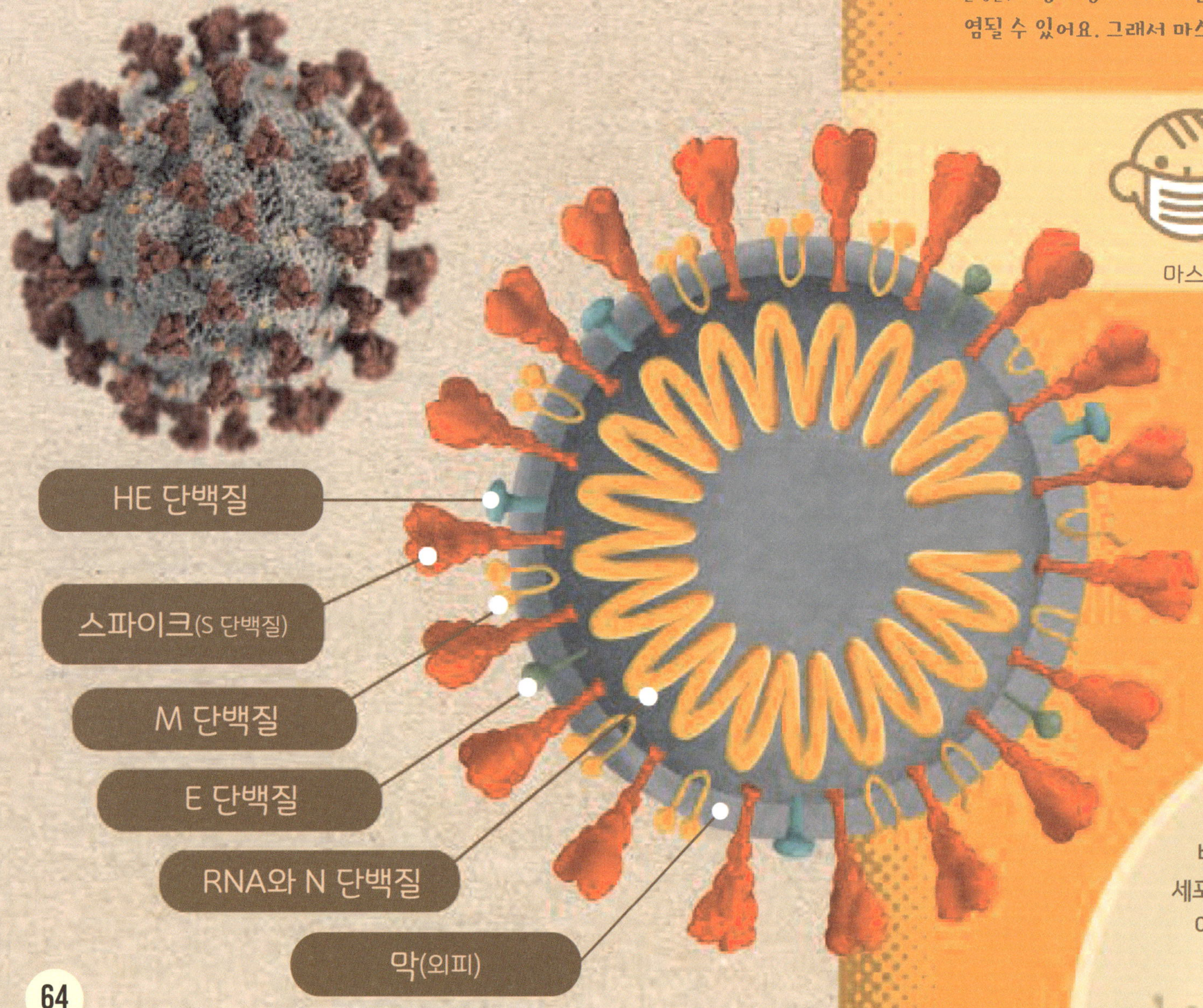

몸속에 들어온 바이러스는 스파이크 단백질(S 단백질)을 사용해 폐세포 같은 일부 세포의 ACE2 수용체에 들러붙어요.

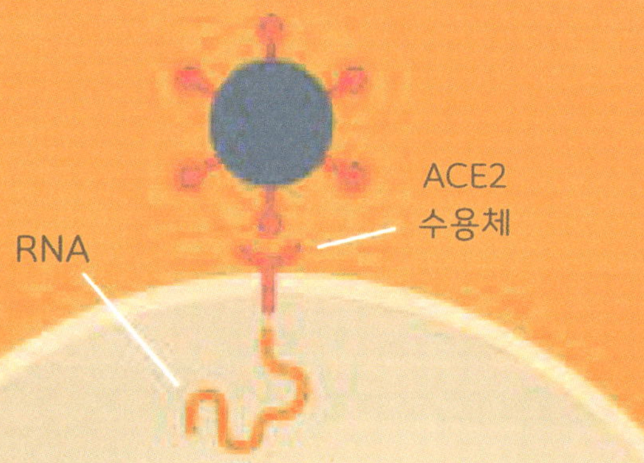

- RNA
- ACE2 수용체

바이러스가 자신의 RNA를 세포에 집어넣으면, 세포는 새로운 바이러스를 수천 개 만들어 내요. 결국 이 바이러스들은 세포를 파괴해요(◉31~35쪽 참고).

- HE 단백질
- 스파이크(S 단백질)
- M 단백질
- E 단백질
- RNA와 N 단백질
- 막(외피)

사람을 감염시키는 코로나바이러스는 모두 일곱 가지가 있어요. 그중 네 가지는 감기를 일으켜요. 나머지 셋은 더 심각한 질병인 사스와 메르스, 코로나19를 일으켜요.

바이러스가 전 세계로 더 빨리 확산할 수 있었던 것은 '세계화' 때문이에요.

현재 전 세계를 휩쓸고 있는 코로나19의 원인 바이러스는 2019년 12월 31일에 중국 우한에서 처음 확인됐어요.

654만 — 불과 2년 9개월여 만에 코로나19로 인한 사망자 수는 654만 명을 넘었어요*(👁60~61쪽 참고).

*2022년 9월까지의 자료

봉쇄

코로나19는 21세기에 발생한 첫 번째 팬데믹이 되었어요. 바이러스 확산을 막기 위해 정부가 실시한 도시 봉쇄와 사회적 거리 두기 때문에 우리의 일상생활은 이전과 완전히 달라졌어요.

코로나19는 아무런 예방 조치를 하지 않는다면, R_0 값이 최대 6에 이를 정도로 심각한 감염병이에요 (👁56~57쪽 참고).

가장 흔한 증상은 열과 마른기침, 피로 등이지만, 인후통과 두통, 후각이나 미각 상실을 포함해 다른 증상들도 나타날 수 있어요.

비록 사람들은 대부분(80%) 별다른 도움 없이 회복하지만(면역계, 👁50~51쪽 참고), 5명 중 1명은 호흡에 어려움을 겪거나 입원 치료가 필요해요.

코로나19는 다른 기저 질환이 있거나 면역계가 약한 사람에게 특히 위험해요.

전문가들은 코로나19의 치명률이 0.5~1%에 이르기 때문에, SARS-CoV-2가 아주 위험한 코로나바이러스라고 생각해요.

과학계가 힘들게 노력한 끝에 아주 인상적인 성과를 거두었어요. 코로나19가 발병한 지 1년도 채 안 되는 시점에 코로나19 백신을 개발했는데, 백신은 팬데믹을 진정시키는 데 큰 도움이 되고 있어요.

감사하는 말

세다드 카이드-살라 페론   @SheddadKF
이 책의 내용을 검토해 준 친한 생물학자 라우라 데우와 세니아 가로페, 문학 석사 앙헬스 문섹, 아우로라 파비아, 이마 폰사에게 감사드립니다. 교열과 교정 작업을 해 준 헬레나에게도 감사드립니다. 이 책에 대한 아이디어를 제공한 우나이에게도 고마움을 전하고 싶습니다. 그리고 언제나처럼 타레크와 인마에게도 감사드립니다. 모두 사랑해요.

에두아르드 알타리바   @eduardaltarriba
이 책이 나오는 데 도움을 준 모든 사람에게 감사드립니다. 특히 훌륭한 작업과 함께 끊임없는 지원을 해 준 멜리에게, 그리고 큰 도움과 조언을 제공한 아나 푸홀에게 고마움을 전합니다. 언제나 곁에서 도움을 준 페레, 로우르데스, 아리아드나에게도 감사드립니다.

이 책을 영어로 번역한 안드레아 리스에게도 감사드립니다.
또한 이 모든 것을 가능케 하고 계속 나아가게 해 준 모든 남녀 과학자들에게 감사드립니다.

글쓴이 **세다드 카이드-살라 페론(Sheddad Kaid-Salah Ferrón)**

물리학과 약학을 전공한 과학과 물리학 애호가이다. 학교를 졸업한 뒤 아이들에게 과학을 가르치며, 물리학을 계속 공부하고 있다. 제약 분야에서 일하며, 망원경으로 우주를 관찰하길 좋아하고, 지금은 인기 있는 과학 도서를 집필하고 있다. 지금까지 쓴 책으로 『처음 읽는 양자물리학』, 『처음 읽는 상대성 이론』, 『처음 읽는 코스모스』, 『처음 읽는 전자기학』 등이 있다.

그린이 **에두아르드 알타리바(Eduard Altarriba)**

그래픽 디자이너이자 일러스트레이터이다. 실용적이고 재미있는 어린이를 위한 게임, 전시회, 애니메이션, 앱 및 워크북 등을 제작하는 독립 스튜디오인 알라발라(Alabala)를 운영하고 있다. 그림을 그린 책으로 『처음 읽는 양자물리학』, 『처음 읽는 상대성 이론』, 『처음 읽는 코스모스』, 『처음 읽는 에너지』, 『처음 읽는 전자기학』 등이 있다.

옮긴이 **이충호**

서울대학교 사범대학 화학과를 졸업하고, 현재 과학 전문 번역가로 활동하고 있다. 『신은 왜 우리 곁을 떠나지 않는가』로 2001년 제20회 한국과학기술도서 번역상을 받았다. 옮긴 책으로 『진화심리학』, 『사라진 스푼』, 『이야기 파라독스』, 『화학이 화끈화끈』, 『59초』, 『내 안의 유인원』, 『많아지면 달라진다』, 『루시퍼 이펙트』, 『경영의 모험』, 『우주의 비밀』, 『미적분의 힘』, 『루시—최초의 인류』, 『처음 읽는 양자물리학』, 『처음 읽는 상대성 이론』, 『처음 읽는 코스모스』, 『처음 읽는 에너지』, 『처음 읽는 전자기학』, 『공포의 먼지 폭풍』, 『흙보다 더 오래된 지구』 등이 있다.

감수 **이장훈**

동국대학교 자연과학연구원 연구교수이다.

처음 읽는 미생물의 세계

1판 1쇄 인쇄	2022년 11월 15일
1판 1쇄 발행	2022년 11월 20일
글쓴이	세다드 카이드-살라 페론
그린이	에두아르드 알타리바
옮긴이	이충호
감수	이장훈
펴낸이	조추자
펴낸곳	두레아이들
등록	2002년 4월 26일 제10-2365호
주소	(04075)서울시 마포구 독막로 100 세방글로벌시티 603호
전화	02)702-2119(영업), 703-8781(편집), 02)715-9420(팩스)
이메일 · 블로그	dourei@chol.com / blog.naver.com/dourei

• 책값은 뒤표지에 적혀 있습니다. 잘못 만들어진 책은 구입하신 곳에서 바꾸어 드립니다.

ISBN 979-11-91007-23-7 (73470)

처음 읽는 시리즈

누구나 이해하기 쉬운 설명, 재미있고 재치 있는 그림과 구성으로
복잡하고 까다로운 과학의 세계를 설명해 주는 '처음 읽는 시리즈!'

처음 읽는 양자물리학   세다드 카이드-살라 페론 글 | 에두아르드 알타리바 그림 | 이충호 옮김 | 김선배 감수

양자물리학이란 무엇이며, 우리 일상생활에 어떤 영향을 미치는가? 까다로운 양자물리학의 역사, 개념부터 이론들까지 양자물리학의 모든 것을 이해하기 쉬운 설명과 그림으로 들려주는 놀라운 책! 아이는 물론 온 가족이 함께 '처음 읽는' 양자물리학 책이다.

처음 읽는 상대성 이론   세다드 카이드-살라 페론 글 | 에두아르드 알타리바 그림 | 이충호 옮김 | 김선배 감수

아인슈타인의 상대성 이론은 시간과 공간에 관한 이론이다. 그럼, 우리가 다 안다고 생각하는 시간과 공간, 속력, 운동이란 과연 무엇일까? 이 개념을 이해하고 나면 아인슈타인처럼 특수 상대성 이론을 통해 세계를 이해할 수 있고, 실제로 우주에서 일어나는 일들도 알게된다. '처음 읽는' 시리즈 두 번째 책이다.

처음 읽는 코스모스   세다드 카이드-살라 페론 글 | 에두아르드 알타리바 그림 | 이충호 옮김 | 김선배 감수

우주의 거대 구조를 결정하는 중력부터 빅뱅, 블랙홀, 암흑 물질, 암흑 에너지, 우주망, 중력파, 웜홀 등은 무엇이며, 별은 어떻게 태어나고 죽는지, 우주가 팽창한다는 게 무엇인지, 우주는 어떻게 되는지 등 우주에 관한 모든 궁금증을 알기 쉽고 재미있게 들려준다. 우주가 태어난 순간부터 시작해 끝나는 순간까지 우주의 전체 생애를 살펴보는 신나는 여행이 될 것이다.

처음 읽는 에너지   요하네스 히른· 베로니카 산스 글 | 에두아르드 알타리바 그림 | 이충호 옮김 | 김선배 감수

불의 발견, 물과 바람, 열과 증기, 태양열과 원자력 등을 이용해 에너지를 얻는 방법에서부터 에너지를 효율적으로 생산하고 배분하는 스마트 그리드, 우주 탐사선이 에너지를 얻는 방법에 이르기까지 에너지의 생성, 측정, 활용 및 변환 방법과 에너지의 역사를 생생한 그림과 함께 알기 쉽고 재미있게 설명해 준다. 우리 주변 어디에나 있는 '에너지'란 과연 정확히 무엇일까?

처음 읽는 전자기학   세다드 카이드-살라 페론 글 | 에두아르드 알타리바 그림 | 이충호 옮김 | 김선배 감수

오늘날 전기와 자기는 사방에 널려 있고, 전기와 자기 없이 작동하는 것은 찾기가 힘들다. 그런데 전기란 대체 무엇이고, 전기는 자석과 무슨 관계가 있을까? 또 자기란 무엇일까? 더 흥미로운 질문이 있는데, 이 모든 것은 '빛'과 무슨 관계가 있을까? 환상적인 전자기학의 세계를 탐험하다 보면, 이 질문들은 물론 여러분이 궁금해하는 많은 질문에 대한 답을 찾을 수 있을 것이다.

▶ '처음 읽는 시리즈'는 계속됩니다!

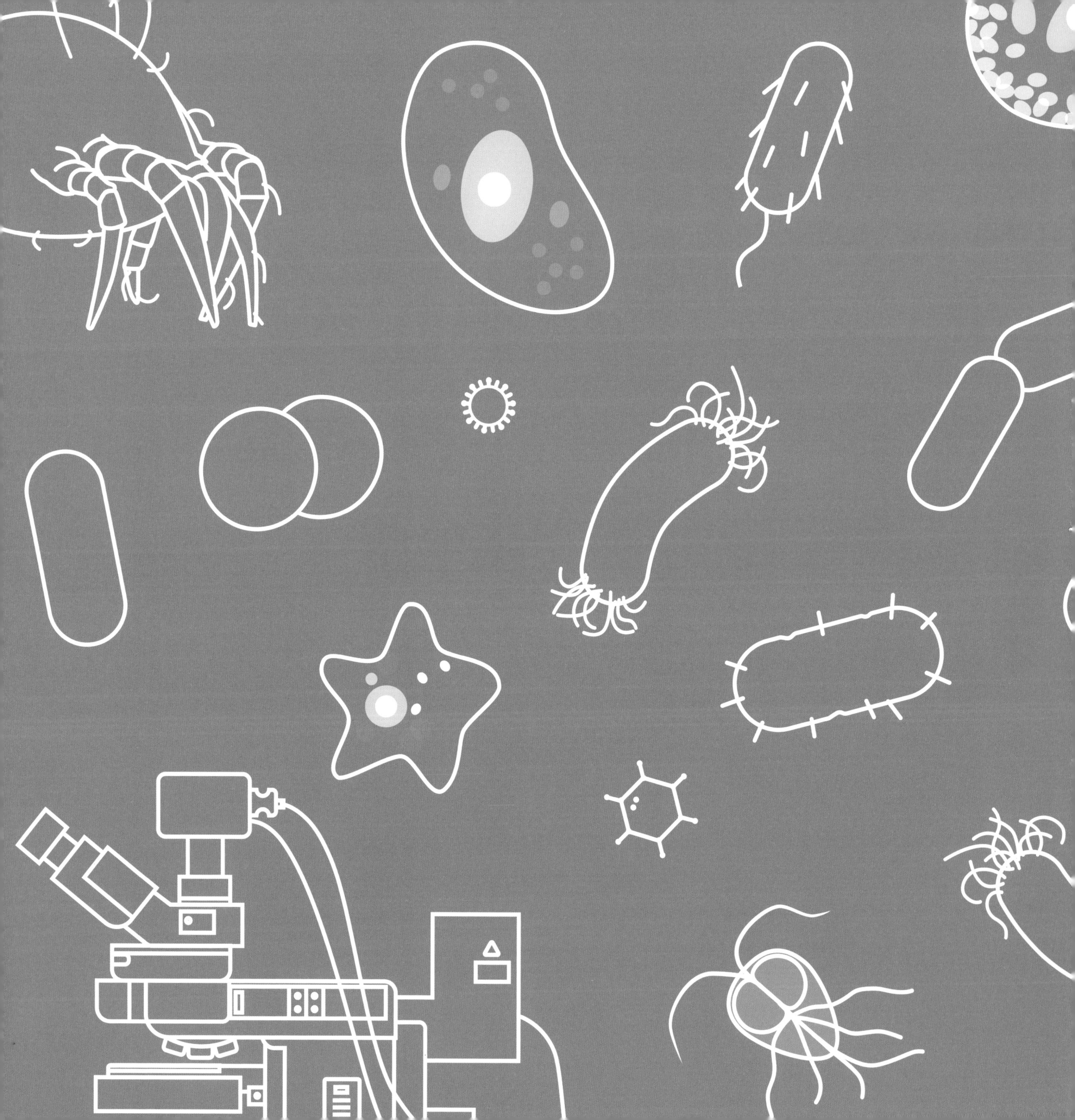